아하 한글 받아쓰기

복잡한 글자가 들어간 말

틀리기 쉬운 글자부터
집중적으로!

의 한글 받아쓰기 책

왜 『아하 한글 받아쓰기』로 시작해야 할까요?

1 최영환 교수와 초등 교사가 함께 만든 3단계 한글 학습 프로그램!

『아하 한글 받아쓰기』는 한글 학습 분야 1위 저자인 최영환 교수와 초등학교 현장 교사가 함께 예비 초등학생과 초등학교 1학년 학생을 위해 개발한 체계적인 받아쓰기 프로그램이에요. 진단 평가부터 실전 받아쓰기까지 단계별로 받아쓰기 해결책을 제시하기 때문에 아이들이 쉽고 빠르게 받아쓰기를 완성할 수 있어요.

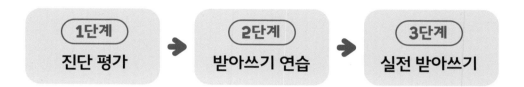

1단계 '진단 평가'에서는 본격적으로 받아쓰기를 공부하기에 앞서 자신의 현재 받아쓰기 실력이 어느 정도인지 확인해요. 2단계 '받아쓰기 연습'에서는 표준 발음과 한글 맞춤법의 원리를 익히며 본격적으로 낱말, 어구, 문장 받아쓰기 공부를 해요. 3단계 '실전 받아쓰기'에서는 다양한 어구와 문장을 쓰며 배운 내용을 실전에 적용해요.

2 전문가가 개발한 '두 번 불러 주기 방식' 적용, 전문 성우의 음성 파일 제공!

'나무', '바다'처럼 쉬운 글자를 잘 쓰는 아이도 '얼음', '숲에서'처럼 소리의 변화가 일어나는 말을 '어름', '수페서'로 소리 나는 대로 써서 틀리는 경우가 종종 있어요. 이 책은 이처럼 소리와 글자가 다를 때 아이들이 혼란을 겪는다는 점에 주목해 새롭게 개발한 불러 주기 방식을 적용했어요. 먼저 [얼] / [음]으로 한 글자씩 끊어 읽어 소리와 표기가 일치하게 불러 준 다음 정확한 표준 발음인 '[어름]'을 들려줘요. '얼음'을 한 글자씩 읽을 때의 소리대로 쓰면 표기를 틀리지 않는다는 점에 주목한 것이지요.

* 불러 주기 음성 파일은 전문 성우가 정확한 발음으로 녹음하였고, 책 속에 있는 QR 코드를 통해 손쉽게 확인할 수 있어요. 음성 파일은 '아하 한글' 앱에서도 들을 수 있으며, 창비교육 홈페이지에서도 다운받을 수 있어요.

3 틀리기 쉬운 글자부터 집중적으로! 맞춤법까지 완벽하게!

이 책은 받아쓰기를 처음 하는 학생들이 자주 틀리는 글자, 어려워하는 글자를 모아 집중적으로 연습하게 했어요. 소리가 비슷하거나 모양이 헷갈리는 글자를 구별하며 자주 틀리는 표기를 연습하기 때문에 빠르고 효율적으로 받아쓰기의 기본기를 다질 수 있어요. 또한 발음과 표기의 원리를 직관적으로 보여 주며 맞춤법을 무조건 외우게 하는 것이 아니라 원리를 통해 자연스럽게 익힐 수 있게 구성했어요. 그래서 1~3권을 차례로 공부하면 맞춤법을 완벽하게 익힐 수 있어요.

4 받아쓰기 자신감, 6주면 완성!

이 책은 수준에 따라 총 3권으로 구성되어 있어요. 1권에서는 'ㄱ, ㅋ, ㄲ'과 'ㅔ, ㅐ'처럼 구별하기 어려운 글자가 들어간 낱말과 문장을 익히고, 2권에서는 연음, 자음 동화 등 간단한 소리의 변화가 일어나는 낱말과 문장을, 3권에서는 구개음화 등 복잡한 소리의 변화가 일어나는 낱말과 문장을 정확히 쓰는 연습을 해요. 하루에 5장씩 6주면 낱말, 어구, 문장을 모두 공부할 수 있기 때문에 아이들이 혼자서도 자신감 있게 공부해 나갈 수 있어요!

1주 복잡한 자음
2주 복잡한 모음

1주 연음 법칙, 된소리되기
2주 거센소리되기, 자음 동화

1주 음절의 끝소리 규칙
2주 구개음화, 음운 첨가, 사이시옷

이 책을 자세히 들여다볼까요?

1단계 진단 평가

진단 평가로 내가 잘하는 부분과 나의 부족한 부분을 확인해요.

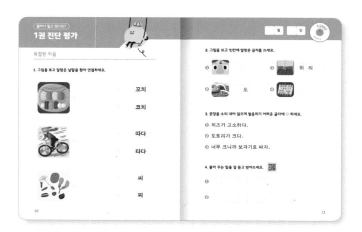

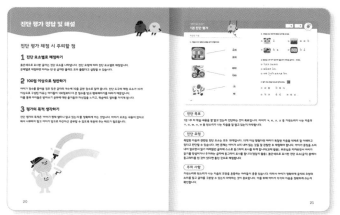

2단계 받아쓰기 연습

1. 틀리기 쉬운 글자부터 공부해요!

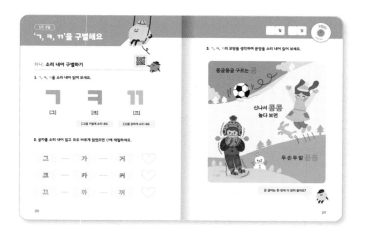

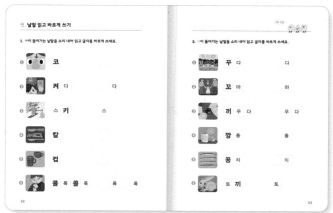

2. 낱말, 어구, 문장을 차례로 쓰며 하루 공부를 마무리해요!

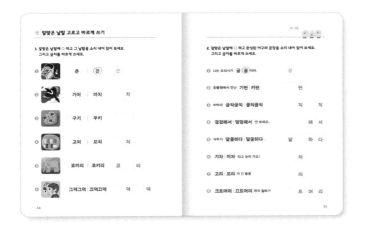

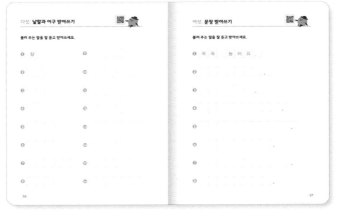

실전 받아쓰기

실전 받아쓰기 1, 2회로 한 주 동안 배운 내용을 실전에 적용해요!

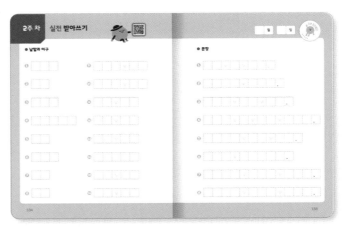

5

아하 한글 받아쓰기 ① 복잡한 글자가 들어간 말

1주 →

| 진단 평가 | 1일 28쪽 '¬, ㅋ, ㄲ'을 구별해요 월 일 | 2일 38쪽 'ㄷ, ㅌ, ㄸ'을 구별해요 월 일 | 3일 48쪽 'ㅂ, ㅍ, ㅃ'을 구별해요 월 일 |

2주 →

| 1일 82쪽 'ㅐ, ㅔ'를 구별해요 월 일 | 2일 92쪽 'ㅘ, ㅝ'를 구별해요 월 일 | 3일 102쪽 'ㅙ, ㅚ'를 구별해요 월 일 |

4일	58쪽	5일	68쪽	
'ㅈ, ㅊ, ㅉ'을 구별해요		'ㅅ, ㅆ'을 구별해요		실전 받아쓰기
월 일 ☐		월 일 ☐		

하루 5장,
매일 꾸준히!

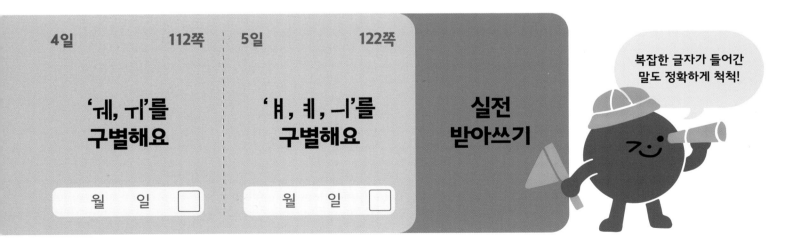

4일	112쪽	5일	122쪽	
'ㅔ, ㅟ'를 구별해요		'ㅒ, ㅖ, ㅢ'를 구별해요		실전 받아쓰기
월 일 ☐		월 일 ☐		

복잡한 글자가 들어간
말도 정확하게 척척!

받아쓰기 ①

진단 평가

1권 진단 평가

....

2권 맛보기 진단 평가

....

3권 맛보기 진단 평가

....

진단 평가 정답 및 해설

....

1권 진단 평가

복잡한 자음

---

1. 그림을 보고 알맞은 낱말을 찾아 연결하세요.

꼬치

코치

따다

타다

씨

찌

2. 그림을 보고 빈칸에 알맞은 글자를 쓰세요.

❶ [　]

❷ [　] 도

❸ 허 리 [　]

❹ [　][　]

3. 문장을 소리 내어 읽으며 발음하기 어려운 글자에 ○ 하세요.

❶ 치즈가 고소하다.

❷ 도토리가 크다.

❸ 너무 크니까 보자기로 싸자.

4. 불러 주는 말을 잘 듣고 받아쓰세요.

❶ [　][　] ∨ [　][　][　] .

❷ [　][　] ∨ [　][　] ∨ [　][　][　] .

11

1. 그림을 보고 알맞은 낱말을 찾아 연결하세요.

개미

게미

배

베

왕

윙

2. 그림을 보고 빈칸에 알맞은 글자를 쓰세요.

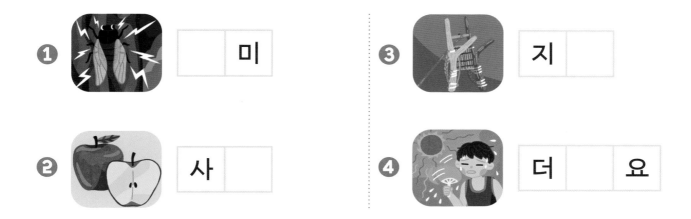

❶ ☐ 미

❸ 지 ☐

❷ 사 ☐

❹ 더 ☐ 요

3. 문장을 소리 내어 읽으며 발음하기 어려운 글자에 ○ 하세요.

❶ 차에 태워요.

❷ 지우개 주워 줄래?

❸ 여기 와서 인사해요.

4. 불러 주는 말을 잘 듣고 받아쓰세요.

❶ ☐ ☐ ☐ ☐ ∨ ☐ ☐ ☐ .

❷ ☐ ☐ ☐ ∨ ☐ ☐ ☐ .

복잡한 모음 2

1. 그림을 보고 알맞은 낱말을 찾아 연결하세요.

돼지

되지

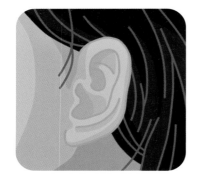

귀

괴

의사

이사

2. 그림을 보고 빈칸에 알맞은 글자를 쓰세요.

❶ [ ]

❷ 가[ ]

❸ [ ]란

❹ [ ]국

3. 문장을 소리 내어 읽으며 발음하기 어려운 글자에 ○ 하세요.

❶ 외할머니, 안녕하세요!

❷ 뒤로 뛰어가요.

❸ 쟤는 내 친구야.

4. 불러 주는 말을 잘 듣고 받아쓰세요.

❶ [ ][ ][ ]∨[ ][ ]!

❷ [ ][ ]∨[ ][ ][ ]∨[ ][ ][ ]∨[ ]?

2권 맛보기 진단 평가

간단한 소리의 변화

1. 그림을 보고 알맞은 낱말을 찾아 연결하세요.

박쑤

박수

벼콰

벽화

급행열차

그팽열차

16

2. 그림을 보고 빈칸에 알맞은 글자를 쓰세요.

❶ □ □ 표

❸ □ 로

❷ 빨 □

❹ □ □ 사 탕

3. 문장을 소리 내어 읽으며 발음하기 어려운 글자에 ○ 하세요.

❶ 물고기를 잡고 나서 다시 풀어 줘요.

❷ 약수터에 가서 물을 받아요.

❸ 불이 나면 먼저 소방서에 연락해요.

4. 불러 주는 말을 잘 듣고 받아쓰세요.

❶ □ □ ∨ □ ∨ □ !

❷ □ □ ∨ □ □ ∨ □ □ .

17

3권 맛보기 진단 평가

복잡한 소리의 변화

1. 그림을 보고 알맞은 낱말을 찾아 연결하세요.

·   · 낮

·   · 낫

·   · 밭

·   · 받

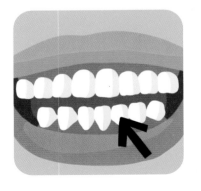

·   · 아랜니

·   · 아랫니

2. 그림을 보고 빈칸에 알맞은 글자를 쓰세요.

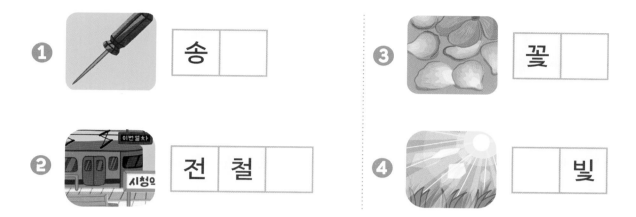

① 송 [ ]　　③ 꽃 [ ]

② 전 철 [ ]　　④ [ ] 빛

3. 문장을 소리 내어 읽으며 발음하기 어려운 글자에 ○ 하세요.

① 올여름이 더 덥다니 놀랄 일이다.

② 해돋이에 빛나는 물결을 봤다.

③ 옛날에 놀았던 뒷동산에 올라가자.

4. 불러 주는 말을 잘 듣고 받아쓰세요.

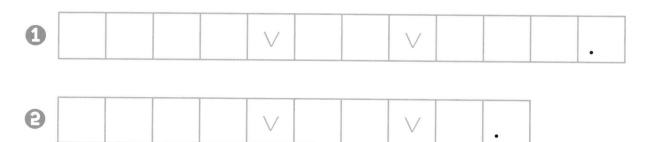

진단 평가 정답 및 해설

진단 평가 채점 시 주의할 점

1 진단 요소별로 채점하기

붉은색으로 표시한 글자는 진단 요소를 나타냅니다. 진단 요령에 따라 진단 요소별로 채점합니다.
문제별로 채점하면 아이는 단 한 글자만 틀려도 모두 틀렸다고 실망할 수 있습니다.

2 100점 이상으로 칭찬하기

아이가 점수를 물어볼 경우 맞은 글자의 개수에 10을 곱한 점수로 알려 줍니다. 진단 도구의 채점 요소가 10개
이상으로 구성된 이유는 아이들이 100점보다 더 큰 점수를 받고 행복해지기를 바라기 때문입니다.
이를 통해 아이들은 받아쓰기 공부에 대한 즐거움과 자신감을 느끼고, 학습에도 열의를 가지게 됩니다.

3 평가의 목적 생각하기

진단 평가의 목적은 '아이가 현재 얼마나 알고 있는지'를 정확하게 아는 것입니다. 아이가 모르는 내용이 있다고
해서 나무라지 말고 아이가 앞으로 차근차근 공부할 수 있도록 북돋워 주는 태도가 필요합니다.

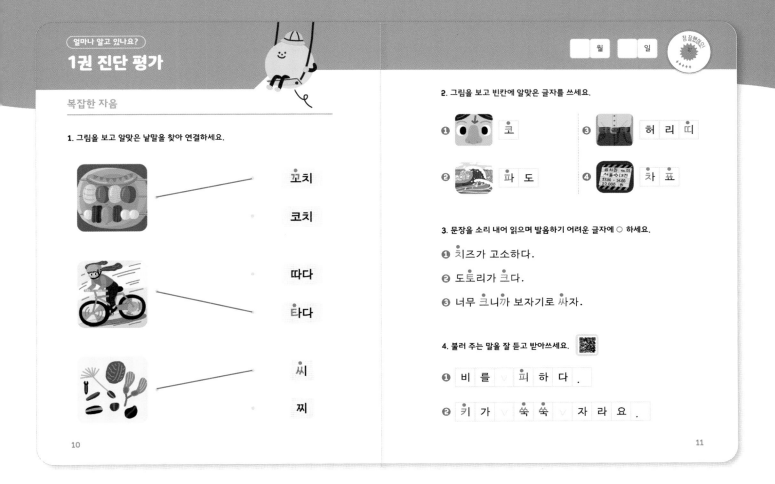

복잡한 자음

1. 그림을 보고 알맞은 낱말을 찾아 연결하세요.

꼬치
코치

따다
타다

씨
찌

10

월   일

2. 그림을 보고 빈칸에 알맞은 글자를 쓰세요.

❶ 코
❷ 파 도
❸ 허 리 띠
❹ 차 표

3. 문장을 소리 내어 읽으며 발음하기 어려운 글자에 ○ 하세요.

❶ 치즈가 고소하다.
❷ 도토리가 크다.
❸ 너무 크니까 보자기로 싸자.

4. 불러 주는 말을 잘 듣고 받아쓰세요.

❶ 비 를   피 하 다 .
❷ 키 가   쑥 쑥   자 라 요 .

11

진단 목표

1권 1주 차 학습 내용을 잘 알고 있는지 진단하는 것이 목표입니다. 아이가 ㅋ, ㅌ, ㅊ, ㅍ 등 거센소리가 나는 자음과 ㄲ, ㄸ, ㅃ, ㅆ, ㅉ 등 된소리가 나는 자음을 잘 알고 있는지 파악합니다.

진단 요령

복잡한 자음과 관련된 진단 요소는 모두 18개입니다. 15개 이상 맞혔다면 아이가 복잡한 자음을 대체로 잘 이해하고 있다고 판단할 수 있습니다. 3번 문제는 아이가 소리 내어 읽는 것을 잘 관찰한 후 채점해야 합니다. 아이가 문장을 소리 내어 읽으면서 읽기 어려웠던 글자에 스스로 동그라미 표시를 하게 합니다(교재 활용). 부모님은 지켜보면서 아이가 읽기를 망설이거나 주저하는 글자에 동그라미 표시를 합니다(정답지 활용). 붉은색으로 표시한 진단 요소(글자) 중에서 동그라미를 친 것이 있다면 틀린 것으로 채점합니다.

주의 사항

거센소리와 된소리가 나는 자음의 모양을 혼동하는 아이들이 종종 있습니다. 따라서 아이가 정확하게 글자의 모양과 소리를 알고 글자를 구분할 수 있는지 파악하는 것이 중요합니다. 이를 위해 아이가 각각의 자음을 정확하게 쓰는지 확인합니다.

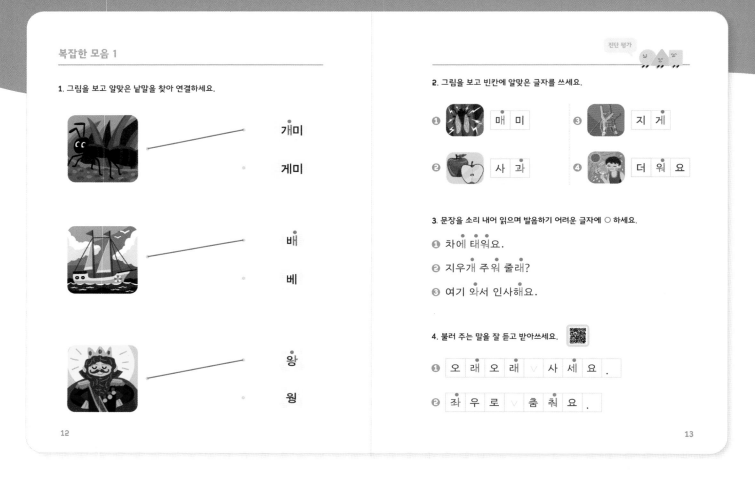

진단 목표

1권의 2주 차 1~2일 학습 내용을 잘 알고 있는지 진단하는 것이 목표입니다. 아이가 모음 ㅐ와 ㅔ, ㅘ와 ㅝ를 잘 알고 있는지 파악합니다.

진단 요령

복잡한 모음과 관련된 진단 요소는 모두 20개입니다. 18개 이상 맞혔다면 아이가 복잡한 모음을 대체로 잘 이해하고 있다고 판단할 수 있습니다. 3번 문제는 아이가 소리 내어 읽는 것을 잘 관찰한 후 채점해야 합니다. 아이가 문장을 소리 내어 읽으면서 읽기 어려웠던 글자에 스스로 동그라미 표시를 하게 합니다(교재 활용). 부모님은 지켜보면서 아이가 읽기를 망설이거나 주저하는 글자에 동그라미 표시를 합니다(정답지 활용). 붉은색으로 표시한 진단 요소(글자) 중에서 동그라미를 친 것이 있다면 틀린 것으로 채점합니다.

주의 사항

ㅐ, ㅔ, ㅘ, ㅝ는 일상에서 많이 쓰이는 모음이기 때문에 2주 차 1~2일의 학습 내용을 복습하는 마음으로 학습하며 낯선 낱말들을 공부하는 것도 어휘력 향상에 도움이 됩니다.

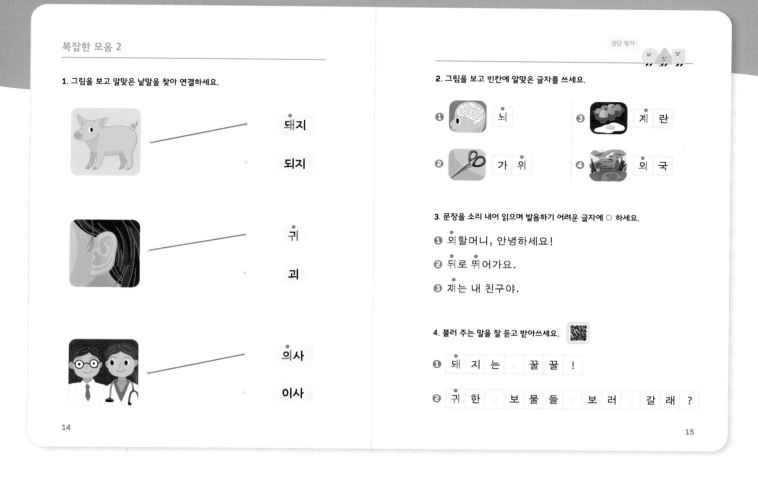

진단 목표

1권의 2주 차 3~5일 학습 내용을 잘 알고 있는지 진단하는 것이 목표입니다. 아이가 모음 ㅙ와 ㅚ, ㅞ와 ㅟ, ㅐ, ㅔ, ㅢ를 잘 알고 있는지 파악합니다.

진단 요령

복잡한 모음과 관련된 진단 요소는 모두 13개입니다. 10개 이상 맞혔다면 아이가 복잡한 모음을 대체로 잘 이해하고 있다고 판단할 수 있습니다. 3번 문제는 아이가 소리 내어 읽는 것을 잘 관찰한 후 채점해야 합니다. 아이가 문장을 소리 내어 읽으면서 읽기 어려웠던 글자에 스스로 동그라미 표시를 하게 합니다(교재 활용). 부모님은 지켜보면서 아이가 읽기를 망설이거나 주저하는 글자에 동그라미 표시를 합니다(정답지 활용). 붉은색으로 표시한 진단 요소(글자) 중에서 동그라미를 친 것이 있다면 틀린 것으로 채점합니다.

주의 사항

모음 ㅚ와 ㅙ는 어른들도 쉽게 혼동하므로 제대로 된 발음을 익히면서 낱말을 학습하는 것이 효과적입니다. 모음 ㅞ와 ㅟ의 경우 발음은 구분하기 쉽지만 모양이 비슷해 아이들이 종종 혼동하는 글자입니다. 모음 ㅞ는 활용도는 낮으나 모음 ㅙ, ㅚ와 혼동하는 경우가 있기 때문에 이 점에 유의하여 지도합니다. ㅐ와 ㅔ는 발음하는 방법은 명확하게 다르지만 소리만 듣고 두 모음을 구분하는 것이 쉽지 않으므로 이 점에 유의하여 지도합니다. 모음 ㅢ와 ㅣ는 발음을 혼동하지 않게 지도합니다.

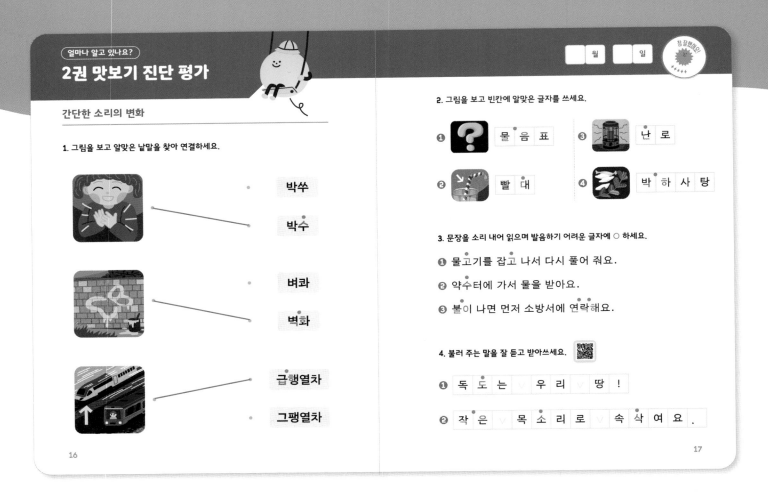

진단 목표

2권에 대한 맛보기용 진단 도구입니다. 1권을 시작하기 전, 아이의 전반적인 받아쓰기 실력을 확인해 보기 위해 활용할 수 있습니다. 또는 1권을 마친 후 2권 학습을 앞두고 학습에 동기를 부여하기 위한 용도로 활용할 수도 있습니다.

3권 맛보기 진단 평가

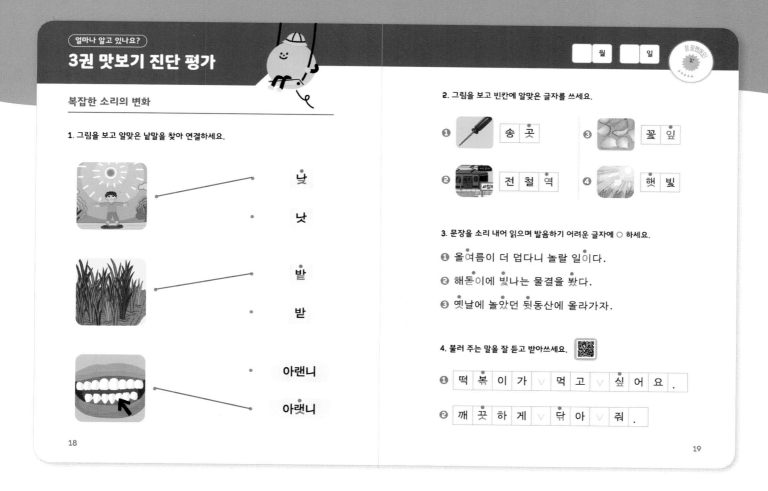

복잡한 소리의 변화

1. 그림을 보고 알맞은 낱말을 찾아 연결하세요.

낮

낫

밭

밧

아랜니

아랫니

18

2. 그림을 보고 빈칸에 알맞은 글자를 쓰세요.

❶ 송 곳

❸ 꽃 잎

❷ 전 철 역

❹ 햇 빛

3. 문장을 소리 내어 읽으며 발음하기 어려운 글자에 ○ 하세요.

❶ 올여름이 더 덥다니 놀랄 일이다.

❷ 해돋이에 빛나는 물결을 봤다.

❸ 옛날에 놀았던 뒷동산에 올라가자.

4. 불러 주는 말을 잘 듣고 받아쓰세요.

❶ 떡 볶 이 가 ∨ 먹 고 ∨ 싶 어 요 .

❷ 깨 끗 하 게 ∨ 닦 아 ∨ 줘 .

19

진단 목표

3권에 대한 맛보기용 진단 도구입니다. 1권을 시작하기 전, 아이의 전반적인 받아쓰기 실력을 확인해 보기 위해 활용할 수 있습니다. 3권은 복잡한 음운 변동을 다루고 있기 때문에 난도가 높습니다. 1권 학습을 앞둔 아이의 경우 채점 결과에 주목하기보다는 학습을 위한 동기 유발용으로 활용하는 것이 효과적입니다.

받아쓰기 ①

1주

복잡한 자음

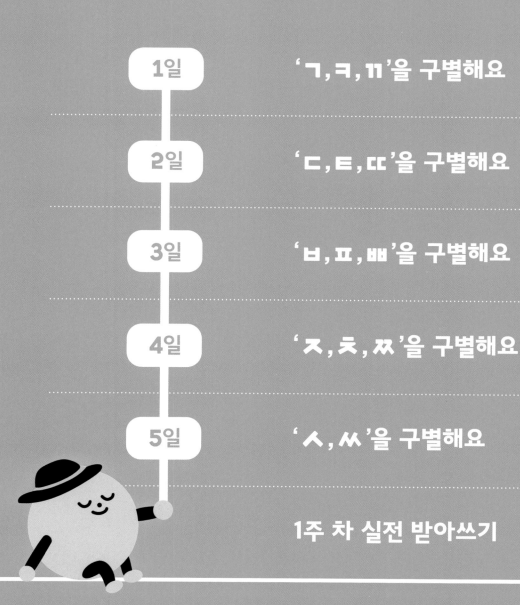

1일	'ㄱ, ㅋ, ㄲ'을 구별해요
2일	'ㄷ, ㅌ, ㄸ'을 구별해요
3일	'ㅂ, ㅍ, ㅃ'을 구별해요
4일	'ㅈ, ㅊ, ㅉ'을 구별해요
5일	'ㅅ, ㅆ'을 구별해요

1주 차 실전 받아쓰기

'ㄱ, ㅋ, ㄲ'을 구별해요

하나. 소리 내어 구별하기

1. ㄱ, ㅋ, ㄲ을 소리 내어 읽어 보세요.

ㄱ	ㅋ	ㄲ
[그]	[크]	[끄]

[그]를 거칠게 소리 내요.

[그]를 강하게 소리 내요.

2. 글자를 소리 내어 읽고 모두 바르게 읽었으면 ♡에 색칠하세요.

그 —	가 —	거	♡
크 —	카 —	커	♡
끄 —	까 —	꺼	♡

3. ㄱ, ㅋ, ㄲ의 모양을 생각하며 문장을 소리 내어 읽어 보세요.

둥글둥글 구르는 공
신나서 콩콩
놀다 보면
두 손 두 발 꽁꽁

큰 글자는 한 번씩 더 읽어 볼까요?

둘. 낱말로 구별하기

1. 낱말을 소리 내어 읽고 그림과 알맞게 연결하세요.

궁 •

쿵 •

커요 •

꺼요 •

고치 •

꼬치 •

2. ㄱ, ㅋ, ㄲ이 들어가는 낱말을 소리 내어 읽고 회색 글자를 따라 쓰세요.

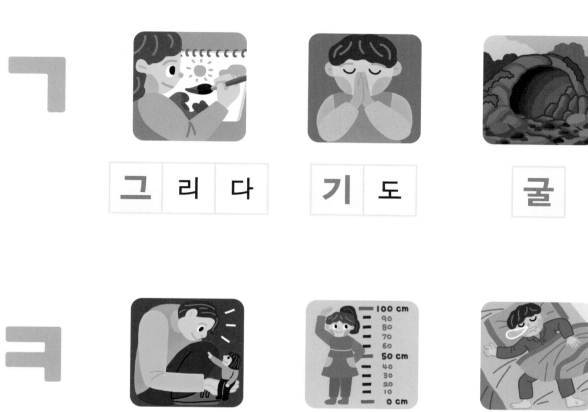

ㄱ

| 그 | 리 | 다 |

| 기 | 도 |

| 굴 |

ㅋ

| 크 | 다 |

| 키 |

| 쿨 | 쿨 |

ㄲ

| 끄 | 다 |

| 끼 | 다 |

| 꿀 |

셋. 낱말 읽고 바르게 쓰기

1. ㅋ이 들어가는 낱말을 소리 내어 읽고 글자를 바르게 쓰세요.

① 코 〔 〕

② 켜 다 〔 〕다

③ 스 키 스 〔 〕

④ 칼 〔 〕

⑤ 컵 〔 〕

⑥ 콜 록 콜 록 〔 〕록 〔 〕록

2. ㄲ이 들어가는 낱말을 소리 내어 읽고 글자를 바르게 쓰세요.

❶ 	꾸 다		다
❷ 	꼬 마		마
❸ 	끼 우 다		우 다
❹ 	깡 통		통
❺ 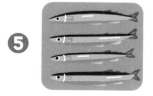	꽁 치		치
❻ 	토 끼		토

넷. 알맞은 낱말 고르고 바르게 쓰기

1. 알맞은 낱말에 ○ 하고 그 낱말을 소리 내어 읽어 보세요.
   그리고 글자를 바르게 쓰세요.

❶ 큰 | (끈)   끈

❷ 가치 | 까치 | 치 |

❸ 구기 | 쿠키 | |

❹ 고치 | 꼬치 | 치 |

❺ 코끼리 | 코키리   코 | 리

❻ 그덕그덕 | 끄덕끄덕 | 덕 | 덕

2. 알맞은 낱말에 ○ 하고 완성된 어구와 문장을 소리 내어 읽어 보세요.
  그리고 글자를 바르게 쓰세요.

❶ 나는 요리사가 **굼** **꿈** 이야.

꿈	

❷ 동물원에서 만난 **기린** **키린**

	린

❸ 수박이 **금직금직** **큼직큼직**

	직		직

❹ **검검해서** **껌껌해서** 안 보여요.

		해	서

❺ 자두가 **달콤하다** **달꼼하다** .

달		하	다

❻ **기차** **끼차** 타고 놀러 가요!

	차

❼ **고리** **꼬리** 가 긴 동물

	리

❽ **크트머리** **끄트머리** 까지 칠하기

	트	머	리

불러 주는 말을 잘 듣고 받아쓰세요.

❶ 칼

❷

❸

❹

❺

❻

❼

❽

❾

❿

⓫

⓬

⓭

⓮

⓯

⓰

불러 주는 말을 잘 듣고 받아쓰세요.

❶ | 꾹 | 꾹 | ∨ | 눌 | 러 | 요 | . |

❷ | | | ∨ | | | | | . |

❸ | | | ∨ | | | . |

❹ | | | ∨ | | ∨ | | | | . |

❺ | | | | | ∨ | | | | ∨ | | . |

❻ | | | | ∨ | | | . |

❼ | | | | ∨ | | | ∨ | | | . |

❽ | | | ∨ | | ∨ | | | . |

'ㄷ, ㅌ, ㄸ'을 구별해요

하나. 소리 내어 구별하기

1. ㄷ, ㅌ, ㄸ을 소리 내어 읽어 보세요.

ㄷ	ㅌ	ㄸ
[드]	[트]	[뜨]

[드]를 거칠게 소리 내요.

[드]를 강하게 소리 내요.

2. 글자를 소리 내어 읽고 모두 바르게 읽었으면 ♡에 색칠하세요.

ㄷ — 더 — 뎌 ♡

ㅌ — 터 — 텨 ♡

ㄸ — 떠 — 뗘 ♡

3. ㄷ, ㅌ, ㄸ의 모양을 생각하며 문장을 소리 내어 읽어 보세요.

큰 글자는 한 번씩 더 읽어 볼까요?

1. 낱말을 소리 내어 읽고 그림과 알맞게 연결하세요.

돈 •

톤 •

따요 •

타요 •

땅 •

탕 •

2. ㄷ, ㅌ, ㄸ이 들어가는 낱말을 소리 내어 읽고 회색 글자를 따라 쓰세요.

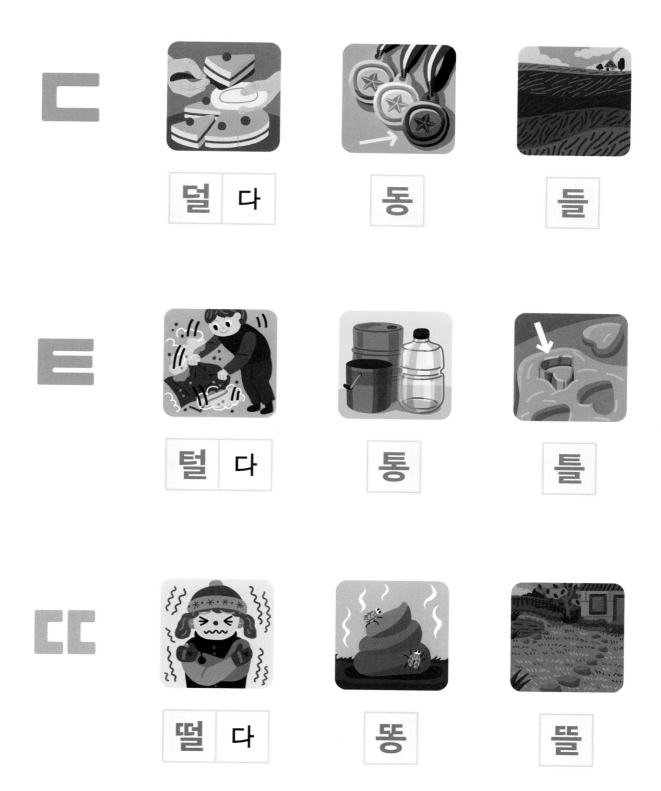

ㄷ

덜 다　　동　　들

ㅌ

털 다　　통　　틀

ㄸ

떨 다　　똥　　뜰

셋. 낱말 읽고 바르게 쓰기

1. ㅌ이 들어가는 낱말을 소리 내어 읽고 글자를 바르게 쓰세요.

① **토** 요 일   요 일

② **탑**

③ **톱**

④ **통** 나 무   나 무

⑤ 식 **탁**   식

⑥ 모 **퉁** 이   모   이

2. ㄸ이 들어가는 낱말을 소리 내어 읽고 글자를 바르게 쓰세요.

❶  | 따 | 르 | 릉 | | | 르 | 릉 |

❷ | 뚜 | 껑 | | | 껑 |

❸  | 뜨 | 거 | 운 | | | 거 | 운 |

❹ | 떡 | | | |

❺  | 딱 | 따 | 구 | 리 | | | | 구 | 리 |

❻  | 허 | 리 | 띠 | | 허 | 리 | |

43

넷. 알맞은 낱말 고르고 바르게 쓰기

1. 알맞은 낱말에 ○ 하고 그 낱말을 소리 내어 읽어 보세요.
그리고 글자를 바르게 쓰세요.

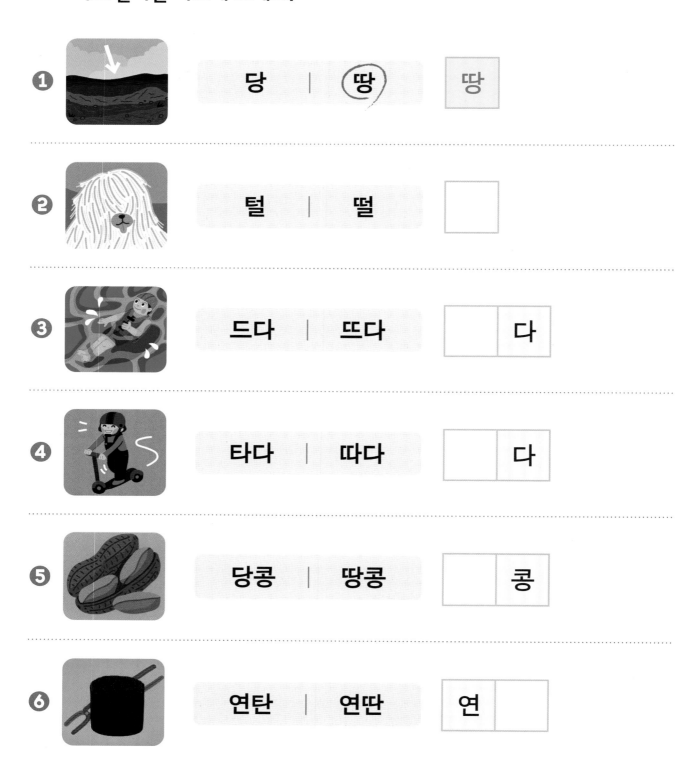

❶ 당 | (땅) 땅

❷ 털 | 떨

❸ 드다 | 뜨다 ☐ 다

❹ 타다 | 따다 ☐ 다

❺ 당콩 | 땅콩 ☐ 콩

❻ 연탄 | 연딴 연 ☐

2. 알맞은 낱말에 ○ 하고 완성된 어구와 문장을 소리 내어 읽어 보세요. 그리고 글자를 바르게 쓰세요.

❶ (두꺼비) | 뚜꺼비 가 우는 밤

두	꺼	비

❷ 터미널 | 떠미널 가는 버스

	미	널

❸ 빨간 달기 | 딸기 를 따자!

	기

❹ 더운 | 떠운 여름 날씨에

	운

❺ 다지면서 | 따지면서 싸우지 마.

	지	면	서

❻ 당당한 | 탕탕한 목소리로 말해요.

	한

❼ 도도리 | 도토리 를 따자!

	리

❽ 추운 겨울 덜덜 털다 | 떨다 .

	다

45

다섯. 낱말과 어구 받아쓰기

불러 주는 말을 잘 듣고 받아쓰세요.

❶ 도 끼

❷

❸

❹

❺

❻

❼

❽

❾

❿

⓫

⓬

⓭

⓮

⓯

⓰

46

불러 주는 말을 잘 듣고 받아쓰세요.

❶ | 동 | 이 | ∨ | 트 | 다 | . |

❷

❸

❹

❺

❻

❼

❽

'브, 프, 쁘'을 구별해요

하나. 소리 내어 구별하기

1. 브, 프, 쁘을 소리 내어 읽어 보세요.

브	프	쁘
[브]	[프]	[쁘]

[브]를 거칠게 소리 내요.

[브]를 강하게 소리 내요.

2. 글자를 소리 내어 읽고 모두 바르게 읽었으면 ♡에 색칠하세요.

브 — 보 — 비	♡
프 — 포 — 피	♡
쁘 — 뽀 — 삐	♡

3. ㅂ, ㅍ, ㅃ의 모양을 생각하며 문장을 소리 내어 읽어 보세요.

방 안 가득

팡팡 터지는
팝콘

빵빵한
두 볼!

큰 글자는 한 번씩 더 읽어 볼까요?

둘. 낱말로 구별하기

1. 낱말을 소리 내어 읽고 그림과 알맞게 연결하세요.

뿌리 •

부리 •

발 •

팔 •

이발 •

이빨 •

2. ㅂ, ㅍ, ㅃ이 들어가는 낱말을 소리 내어 읽고 회색 글자를 따라 쓰세요.

ㅂ

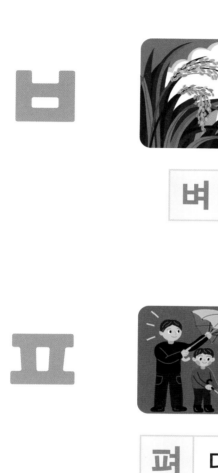

벼

방

불

ㅍ

펴 다

팡

풀

뼈

빵

뿔

셋. 낱말 읽고 바르게 쓰기

1. ㅍ이 들어가는 낱말을 소리 내어 읽고 글자를 바르게 쓰세요.

❶ | 파 | 도 | | | 도 |

❷ | 표 | 범 | | | 범 |

❸ | 폭 | 포 | | | |

❹ | 편 | 지 | | | 지 |

❺ | 차 | 표 | | 차 | |

❻ | 머 | 리 | 핀 | | 머 | 리 | |

2. ㅃ이 들어가는 낱말을 소리 내어 읽고 글자를 바르게 쓰세요.

① | 빠 | 르 | 다 | | 르 | 다 |

② | 뿌 | 리 | | | 리 |

③ | 삐 | 뽀 | 삐 | 뽀 | |

④ | 빵 | |

⑤ | 뺨 | |

⑥ | 손 | 뼉 | | 손 |

넷. 알맞은 낱말 고르고 바르게 쓰기

1. 알맞은 낱말에 ○ 하고 그 낱말을 소리 내어 읽어 보세요.
  그리고 글자를 바르게 쓰세요.

① 판자 | 빤자 　　 판 자

② 벽 | 뻑

③ 별 | 뼐

④ 사슴불 | 사슴뿔 　　 사 슴 ☐

⑤ 밤하늘 | 팜하늘 　　 ☐ 하 늘

⑥ 필통 | 삘통 　　 ☐ 통

**2. 알맞은 낱말에 ○ 하고 완성된 어구와 문장을 소리 내어 읽어 보세요.
그리고 글자를 바르게 쓰세요.**

❶ (편) 뻔 가르지 말고 놀자.

편

❷ 두 **볌 | 뼘** 이나 키가 차이 난다!

❸ 조용히 책을 **펼쳐요 | 뻘쳐요** .

	쳐	요

❹ 실수할 **번한 | 뻔한** 기억

	한

❺ 물을 **붐는 | 뿜는** 분수

	는

❻ **폭붕 | 폭풍** 이 치는 소리

❼ **병아리 | 뼁아리** 가 삐약삐약

	아	리

❽ **병병한 | 평평한** 땅 모양

		한

불러 주는 말을 잘 듣고 받아쓰세요.

❶ 반 지

❷

❸

❹

❺

❻

❼

❽

❾

❿

⓫

⓬

⓭

⓮

⓯

⓰

여섯. 문장 받아쓰기

불러 주는 말을 잘 듣고 받아쓰세요.

❶ | 비 | 를 | ∨ | 피 | 하 | 다 | . |

❷ 〔　〕〔　〕〔∨〕〔　〕〔　〕〔　〕〔 . 〕

❸ 〔　〕〔　〕〔∨〕〔　〕〔　〕〔∨〕〔　〕〔 . 〕

❹ 〔　〕〔　〕〔∨〕〔　〕〔∨〕〔　〕〔　〕〔　〕〔 ! 〕

❺ 〔　〕〔　〕〔　〕〔∨〕〔　〕〔　〕〔∨〕〔　〕〔　〕〔 . 〕

❻ 〔　〕〔　〕〔∨〕〔　〕〔∨〕〔　〕〔∨〕〔　〕〔　〕〔 . 〕

❼ 〔　〕〔　〕〔∨〕〔∨〕〔　〕〔　〕〔∨〕〔 . 〕

❽ 〔　〕〔　〕〔∨〕〔　〕〔∨〕〔　〕〔 . 〕

'ㅈ, ㅊ, ㅉ'을 구별해요

하나. 소리 내어 구별하기

1. ㅈ, ㅊ, ㅉ을 소리 내어 읽어 보세요.

ㅈ	ㅊ	ㅉ
[즈]	[츠]	[쯔]

[즈]를 거칠게 소리 내요.

[즈]를 강하게 소리 내요.

2. 글자를 소리 내어 읽고 모두 바르게 읽었으면 ♡에 색칠하세요.

자 — 주 — 즈 ♡

차 — 추 — 츠 ♡

짜 — 쭈 — 쯔 ♡

58

3. ㅈ, ㅊ, ㅉ의 모양을 생각하며 문장을 소리 내어 읽어 보세요.

큰 글자는 한 번씩 더 읽어 볼까요?

둘. 낱말로 구별하기

1. 낱말을 소리 내어 읽고 그림과 알맞게 연결하세요.

징 •

찡 •

찌다 •

치다 •

자다 •

짜다 •

2. ㅈ, ㅊ, ㅉ이 들어가는 낱말을 소리 내어 읽고 회색 글자를 따라 쓰세요.

 져 요   짐   적

쳐 요   침   척 척

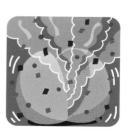

쪄 요   찜   쩍

셋. 낱말 읽고 바르게 쓰기

1. ㅊ이 들어가는 낱말을 소리 내어 읽고 글자를 바르게 쓰세요.

① 치 즈 | | 즈 |

② 천 사 | | 사 |

③ 칠 | |

④ 찰 랑 찰 랑 | | 랑 | | 랑 |

⑤ 전 철   전 | |

⑥ 삼 촌   삼 | |

2. ㅉ이 들어가는 낱말을 소리 내어 읽고 글자를 바르게 쓰세요.

① | **짜** | 장 | 면 | | | 장 | 면 |

② | **짬** | 뽕 | | | 뽕 |

③ | **쩝** | **쩝** | | | |

④ | **찍** | **찍** | | | |

⑤ | 팔 | **찌** | | 팔 | |

⑥ | 단 | **짝** | | 단 | |

넷. 알맞은 낱말 고르고 바르게 쓰기

1. 알맞은 낱말에 ○ 하고 그 낱말을 소리 내어 읽어 보세요.
   그리고 글자를 바르게 쓰세요.

① 장문 | (창문)   창 문

② 장구 | 창구   　 구

③ 졸면 | 쫄면   　 면

④ 점 | 쩜   　

⑤ 정소기 | 청소기   　 소 기

⑥ 질문 | 칠문   　 문

2. 알맞은 낱말에 ○ 하고 완성된 어구와 문장을 소리 내어 읽어 보세요.
그리고 글자를 바르게 쓰세요.

❶ 부모님을 도와 식사를 (차려요) 짜려요 .

차	려	요

❷ 칭찬의 박수를 작작 | 짝짝

❸ 딱따구리가 나무를 조아요 | 쪼아요 .

	아	요

❹ 작꿍 | 짝꿍 이 누구야?

	꿍

❺ 요리하고 남은 지꺼기 | 찌꺼기

	꺼	기

❻ 침통 | 찜통 같은 더위

	통

❼ 차가운 | 짜가운 바람이 스쳐요.

	가	운

❽ 진자 | 진짜 사랑하는 친구들

진	

다섯. 낱말과 어구 받아쓰기

불러 주는 말을 잘 듣고 받아쓰세요.

❶ | 짜 | 증 |

❷ | | | |

❸ | | | |

❹ | | | |

❺ | | | | |

❻ | | | | |

❼ | | | | |

❽ | | | |

❾ | | | | ∨ | |

❿ | | | | |

⓫ | | | ∨ | | |

⓬ | | | | ∨ | |

⓭ | | | ∨ | | |

⓮ | | | ∨ | | |

⓯ | | | |

⓰ | | ∨ | | |

66

여섯. 문장 받아쓰기

불러 주는 말을 잘 듣고 받아쓰세요.

❶ | 종 | 이 | 를 | ∨ | 잘 | 라 | 요 | . |

❷

❸

❹

❺

❻

❼

❽

'人, 씨'을 구별해요

하나. 소리 내어 구별하기

1. 人, 씨을 소리 내어 읽어 보세요.

人

[스]

씨

[쓰]

> [스]를 강하게 소리 내요.

2. 글자를 소리 내어 읽고 모두 바르게 읽었으면 ♡에 색칠하세요.

| 서 — 스 — 시 | ♡ |

| 써 — 쓰 — 씨 | ♡ |

3. ㅅ, ㅆ의 모양을 생각하며 문장을 소리 내어 읽어 보세요.

큰 글자는 한 번씩 더 읽어 볼까요?

둘. 낱말로 구별하기

1. 낱말을 소리 내어 읽고 그림과 알맞게 연결하세요.

상 •

쌍 •

싹 •

삭 •

사다 •

싸다 •

2. ㅅ, ㅆ이 들어가는 낱말을 소리 내어 읽고 회색 글자를 따라 쓰세요.

ㅅ

| 수 | 다 |

삼

살

ㅆ

| 쑤 | 다 |

쌈

쌀

셋. 낱말 읽고 바르게 쓰기

1. ㅅ이 들어가는 낱말을 소리 내어 읽고 글자를 바르게 쓰세요.

① 소 [　]

② 설 [　]

③ 숭 늉   [　] 늉

④ 신 발   [　] 발

⑤ 성 큼 성 큼   [　] 큼 [　] 큼

⑥ 구 슬   구 [　]

2. ㅆ이 들어가는 낱말을 소리 내어 읽고 글자를 바르게 쓰세요.

❶  싸 움 | 움

❷  씨 |

❸   쌍 둥 이 | 둥 이

❹  쓸 다 | 다

❺  철 썩 철 썩 | 철 철

❻  눈 썹 | 눈

73

넷. 알맞은 낱말 고르고 바르게 쓰기

1. 알맞은 낱말에 ○ 하고 그 낱말을 소리 내어 읽어 보세요.
그리고 글자를 바르게 쓰세요.

①   소다 | (쏘다) | 쏘 | 다 |

②   소나무 | 쏘나무 | | 나 | 무 |

③   숙 | 쑥

④   손 | 쏜

⑤   글시 | 글씨 | 글 | |

⑥   시름 | 씨름 | | 름 |

74

2. 알맞은 낱말에 ○ 하고 완성된 어구와 문장을 소리 내어 읽어 보세요.
그리고 글자를 바르게 쓰세요.

❶ 여기저기가 **수시다** (**쑤시다**).

쑤	시	다

❷ **슨** | **쓴** 약초를 발견하다.

❸ 벌에 **쏘이다** | **소이다** .

	이	다

❹ 몸이 한쪽으로 **솔리다** | **쏠리다** .

	리	다

❺ **시름시름** | **씨름씨름** 아파요.

	름		름

❻ **슬슬한** | **쓸쓸한** 기분이 든다.

		한

❼ 날씨가 좀 **살살하네** | **쌀쌀하네** .

		하	네

❽ 톱으로 나무를 **쓱싹쓱싹** | **슥삭슥삭**

다섯. 낱말과 어구 받아쓰기

불러 주는 말을 잘 듣고 받아쓰세요.

❶ | 쏘 | 다 |

❷

❸

❹

❺

❻

❼

❽

❾

❿

⓫

⓬

⓭

⓮

⓯

⓰

여섯. 문장 받아쓰기

불러 주는 말을 잘 듣고 받아쓰세요.

❶ | 키 | 가 | ∨ | 쑥 | 쑥 | ∨ | 자 | 라 | 요 | . |

❷

❸

❹

❺

❻

❼

❽

실전 받아쓰기

● 낱말과 어구

①

②

③

④

⑤

⑥

⑦

⑧

⑨

⑩

⑪

⑫

⑬

⑭

⑮

⑯

응원해요!

● 문장

①

②

③

④

⑤

⑥

⑦

⑧

받아쓰기 ❶

2주
복잡한 모음

1일   'ㅐ, ㅔ'를 구별해요

2일   'ㅘ, ㅝ'를 구별해요

3일   'ㅙ, ㅚ'를 구별해요

4일   'ㅞ, ㅟ'를 구별해요

5일   'ㅒ, ㅖ, ㅢ'를 구별해요

2주 차 실전 받아쓰기

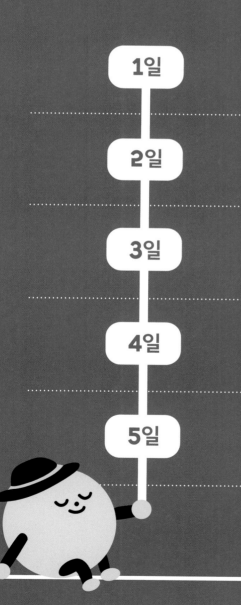

2주 1일

'　ㅐ, ㅔ'를 구별해요

하나. 소리 내어 구별하기

1. ㅐ를 소리 내어 읽어 보세요.

입을 벌려 [아] 하고 소리 내요.

[아]

↓

그 상태에서 입술의 양 끝을 뒤로 당기면서 [애] 하고 소리 내요.

[애]

ㅐ를 다시 한번 크게 발음해 보세요.

2. ㅔ를 소리 내어 읽어 보세요.

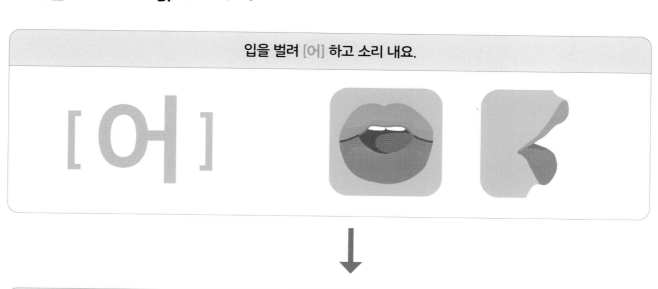

입을 벌려 [어] 하고 소리 내요.

[어]

↓

그 상태에서 아랫입술을 약간 앞으로 내밀면서 [에] 하고 소리 내요.

[에]

ㅔ를 다시 한번 크게 발음해 보세요.

83

둘. 낱말로 구별하기

1. ㅐ의 모양을 생각하며 낱말을 소리 내어 읽고 써 보세요.

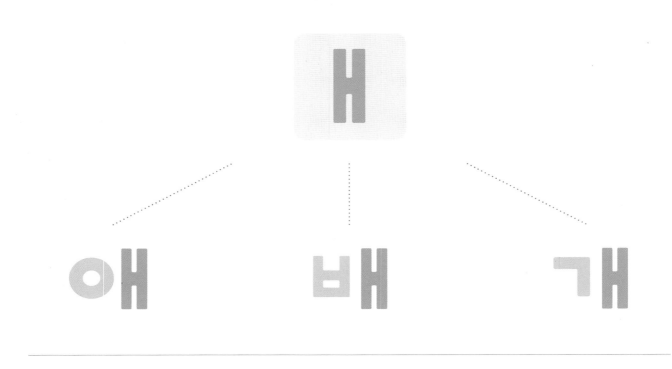

 애   배   개

2. ㅔ의 모양을 생각하며 낱말을 소리 내어 읽고 써 보세요.

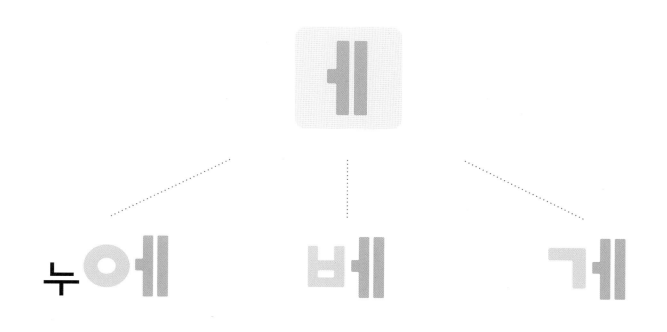

ㅔ

누에   베   게

 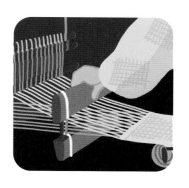 

누	에
누	

베

게

셋. 낱말 읽고 바르게 쓰기

1. ㅐ가 들어가는 낱말을 소리 내어 읽고 글자를 바르게 쓰세요.

❶  | 개 | 미 | | | 미 |

❷  | 대 | 문 | | | 문 |

❸  | 배 | 추 | | | 추 |

❹  | 해 | 바 | 라 | 기 | | | 바 | 라 | 기 |

❺  | 화 | 내 | 다 | | 화 | | 다 |

❻  | 무 | 지 | 개 | | 무 | 지 | |

2. ㅔ가 들어가는 낱말을 소리 내어 읽고 글자를 바르게 쓰세요.

❶

| 게 | 으 | 르 | 다 |

| | 으 | 르 | 다 |

❷

| 메 | 달 |

| | 달 |

❸

| 제 | 기 |

| | 기 |

❹

| 체 | 하 | 다 |

| | 하 | 다 |

❺

| 테 | 이 | 프 |

| | 이 | 프 |

❻

| 지 | 게 |

| 지 | |

넷. 알맞은 낱말 고르고 바르게 쓰기

1. 알맞은 낱말에 ○ 하고 그 낱말을 소리 내어 읽어 보세요.
그리고 글자를 바르게 쓰세요.

❶ (매미) | 메미   매 미

❷ 새수 | 세수   　 수

❸ 대나무 | 데나무   　 나 무

❹ 매뚜기 | 메뚜기   　 뚜 기

❺ 모래 | 모레   모 　

❻ 새배 | 세배   　 　

88

2. 알맞은 낱말에 ○ 하고 완성된 어구와 문장을 소리 내어 읽어 보세요.
그리고 글자를 바르게 쓰세요.

❶ 책은 **내모** (**네모**) 모양이야.

네	모

❷ **매우** | **메우** 신이 나요!

	우

❸ 더 **자새히** | **자세히** 설명해요.

자		히

❹ 김치가 너무 **매워요** | **메워요** .

	워	요

❺ 내 친구는 **개구쟁이** | **게구쟁이**

	구	쟁	이

❻ **빠르개** | **빠르게** 달려라!

빠	르	

❼ **가개** | **가게** 에서 물건을 사요.

가	

❽ 땅에 **애벌래** | **애벌레** 가 기어가요.

애	벌	

다섯. 낱말과 어구 받아쓰기

불러 주는 말을 잘 듣고 받아쓰세요.

❶ | 세 | 모 |

❷

❸

❹

❺

❻

❼

❽

❾

❿

⓫

⓬

⓭

⓮

⓯

⓰

여섯. 문장 받아쓰기

불러 주는 말을 잘 듣고 받아쓰세요.

❶ | 고 | 개 | 를 | ∨ | 내 | 밀 | 다 | . |

❷ | | | | ∨ | | ∨ | | | . |

❸ | | | | ∨ | | | . |

❹ | | | | ? | | | | | ? |

❺ | | | ∨ | | | ∨ | | | . |

❻ | | ∨ | | | ∨ | | ∨ | | . |

❼ | | | ∨ | | ∨ | | ∨ | | . |

❽ | | | ∨ | | | ∨ | | | ∨ | | . |

'과, ㅝ'를 구별해요

하나. 소리 내어 구별하기

1. 과를 소리 내어 읽어 보세요.

[와]

> [오]를 먼저 소리 낸 다음
> **빠르게 이어서** [아]를 소리 내요.

입을 모아 [오] 하고 소리 내요. **이어서** 입을 벌리면서 [아] 하고 소리 내요.

[오] ➔ [아]

과를 다시 한번 크게 발음해 보세요.

2. ㅝ를 소리 내어 읽어 보세요.

[워]

[우]를 먼저 소리 낸 다음
빠르게 이어서 [어]를 소리 내요.

입술을 내밀며 [우] 하고 소리 내요. **이어서** 입을 벌리면서 [어] 하고 소리 내요.

[우] ➡ [어]

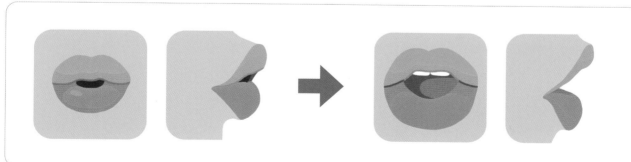

ㅝ를 다시 한번 크게 발음해 보세요.

둘. 낱말로 구별하기

1. ㅘ의 모양을 생각하며 낱말을 소리 내어 읽고 써 보세요.

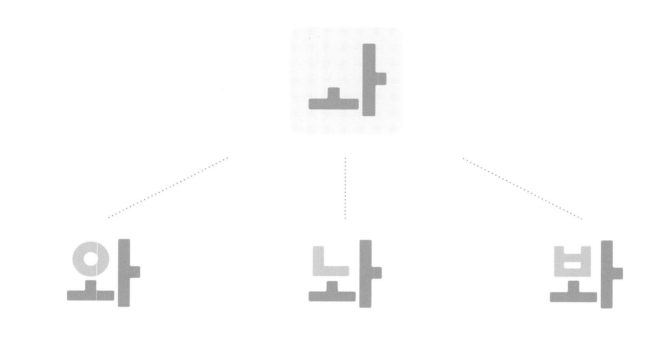

| 와 | 놔 | 봐 |

낱말로 구별하기

2. ㅝ의 모양을 생각하며 낱말을 소리 내어 읽고 써 보세요.

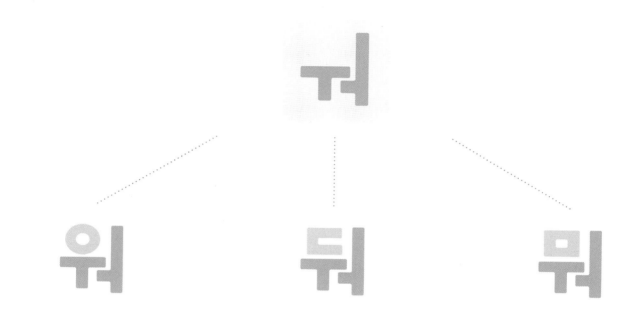

셋. 낱말 읽고 바르게 쓰기

1. ㅘ가 들어가는 낱말을 소리 내어 읽고 글자를 바르게 쓰세요.

❶	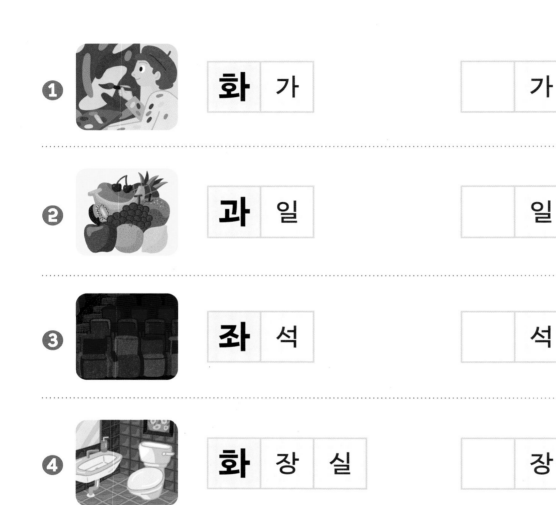	화 가		☐ 가
❷		과 일		☐ 일
❸		좌 석		☐ 석
❹		화 장 실		☐ 장 실
❺		사 과		사 ☐
❻		기 와 집		기 ☐ 집

2. ㅝ가 들어가는 낱말을 소리 내어 읽고 글자를 바르게 쓰세요.

① 원 | □

② 훨 훨 | □ □

③  원 시 인 | □ 시 인

④  궁 궐 | 궁 □

⑤  비 춰 요 | 비 □ 요

⑥  유 치 원 | 유 치 □

넷. 알맞은 낱말 고르고 바르게 쓰기

1. 알맞은 낱말에 ○ 하고 그 낱말을 소리 내어 읽어 보세요.
   그리고 글자를 바르게 쓰세요.

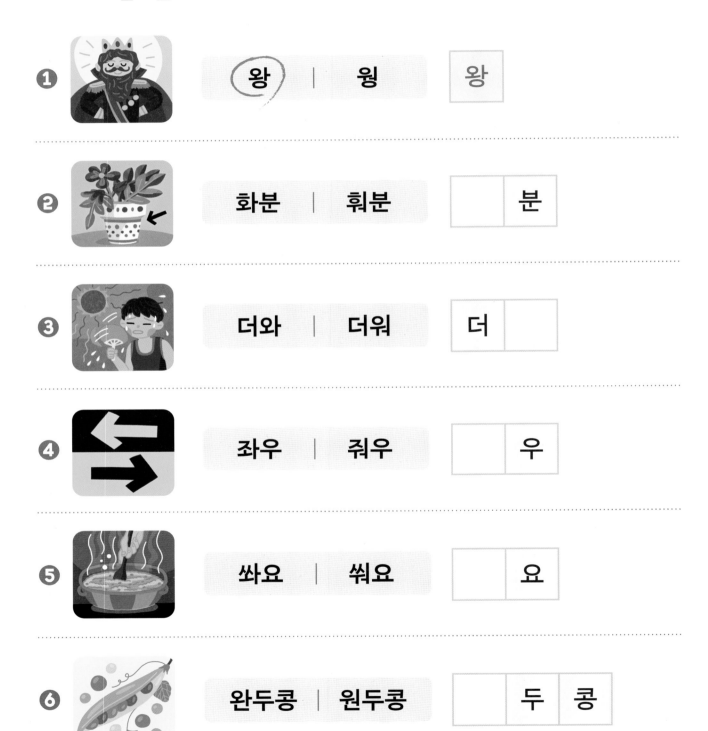

❶ (왕) | 윙   왕

❷ 화분 | 훠분   분

❸ 더와 | 더워   더

❹ 좌우 | 줘우   우

❺ 쏴요 | 쒀요   요

❻ 완두콩 | 원두콩   두 콩

2. 알맞은 낱말에 ○ 하고 완성된 어구와 문장을 소리 내어 읽어 보세요.
그리고 글자를 바르게 쓰세요.

❶ 이쪽으로 (와요) 워요 .

와	요

❷ 여기에 **내려놔요** | **내려눠요** .

내	려		요

❸ 노란 지갑을 **주와요** | **주워요** .

주		요

❹ **좌석** | **줘석** 버스를 타요.

	석

❺ 이제라도 **봐서** | **봐쉬** 다행이야.

	서

❻ 공부를 **미롸요** | **미뤄요** .

미		요

❼ 사탕을 **부솨요** | **부숴요** .

부		요

❽ 신나게 춤을 **촤요** | **춰요** .

	요

99

불러 주는 말을 잘 듣고 받아쓰세요.

❶ 과 녁

❷

❸

❹

❺

❻

❼

❽

❾

❿

⓫

⓬

⓭

⓮

⓯

⓰

여섯. 문장 받아쓰기

불러 주는 말을 잘 듣고 받아쓰세요.

❶ | 좌 | 우 | 로 | ∨ | 춤 | 춰 | 요 | . |

❷

❸

❹

❺

❻

❼

❽

'괘, ㅚ'를 구별해요

하나. 소리 내어 구별하기

1. ㅙ를 소리 내어 읽어 보세요.

[왜]

[오]를 먼저 소리 낸 다음 **빠르게 이어서** 입술의 양 끝을 뒤로 당기며 [애]를 소리 내요.

입을 모아 [오] 하고 소리 내요. **이어서** 입술의 양 끝을 뒤로 당기면서 [애] 하고 소리 내요.

[오] ➔ [애]

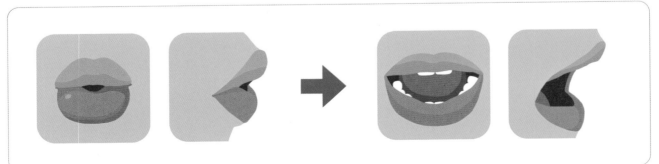

ㅙ를 다시 한번 크게 발음해 보세요.

2. ㅚ를 소리 내어 읽어 보세요.

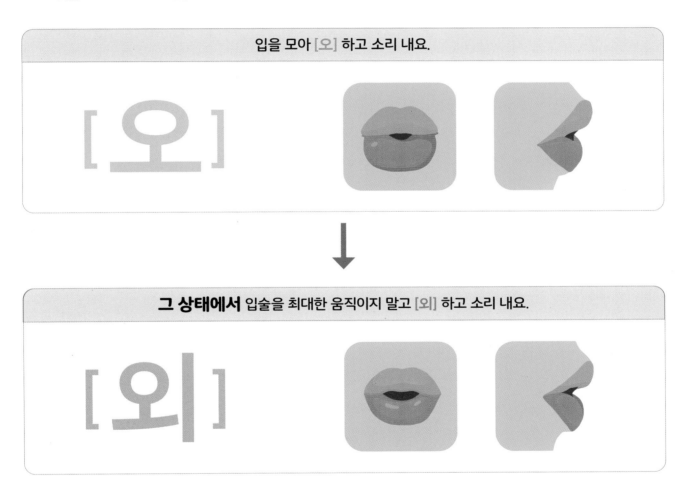

입을 모아 [오] 하고 소리 내요.

[오]

↓

그 상태에서 입술을 최대한 움직이지 말고 [외] 하고 소리 내요.

[외]

ㅚ를 다시 한번 크게 발음해 보세요.

둘. 낱말로 구별하기

1. ㅙ의 모양을 생각하며 낱말을 소리 내어 읽고 써 보세요.

ㅙ

왜   인쇄   돼지

왜

인 쇄

돼 지

인

지

2. ㅚ의 모양을 생각하며 낱말을 소리 내어 읽고 써 보세요.

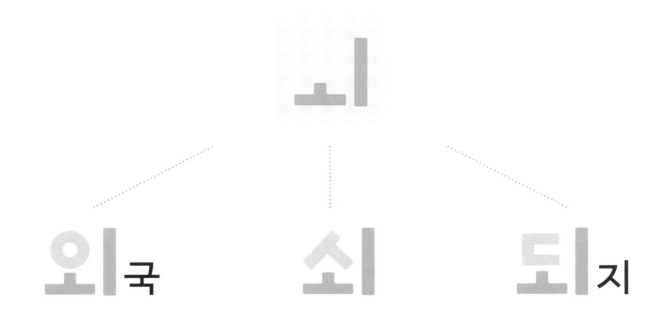

외국   쇠   되지

외	국
	국

쇠

되	지
	지

셋. 낱말 읽고 바르게 쓰기

1. ㅙ가 들어가는 낱말을 소리 내어 읽고 글자를 바르게 쓰세요.

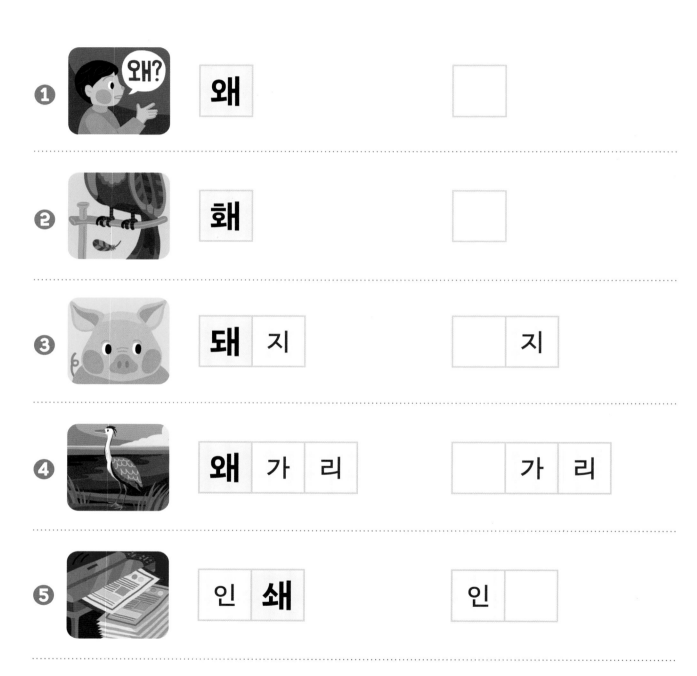

① 왜 [ ]

② 홰 [ ]

③ 돼 지 [ ] 지

④ 왜 가 리 [ ] 가 리

⑤ 인 쇄 인 [ ]

⑥ 상 쾌 하 다 상 [ ] 하 다

2. ㅚ가 들어가는 낱말을 소리 내어 읽고 글자를 바르게 쓰세요.

①  | 뇌 | | | (빈칸)

②  | 퇴 장 | | (빈칸) 장

③  | 회 색 | | (빈칸) 색

④  | 꾀 꼬 리 | | (빈칸) 꼬 리

⑤  | 외 할 머 니 | | (빈칸) 할 머 니

⑥  | 무 쇠 | | 무 (빈칸)

넷. 알맞은 낱말 고르고 바르게 쓰기

1. 알맞은 낱말에 ○ 하고 그 낱말을 소리 내어 읽어 보세요.
그리고 글자를 바르게 쓰세요.

❶	챼고 | 최고	최	고
❷	왠손 | 왼손		손
❸	좨인 | 죄인		인
❹	화전문 | 회전문		전	문
❺	왜국 | 외국		국
❻	유쾌하다 | 유쾨하다	유		하	다

108

2. 알맞은 낱말에 ○ 하고 완성된 어구와 문장을 소리 내어 읽어 보세요.
그리고 글자를 바르게 쓰세요.

❶ 너 (왜) 외 그래?

왜

❷ �죄 를 지으면 안 돼.

❸ 그 사람은 **구두쇄 구두쇠** 야.

구	두	

❹ 다음에 또 **봬요 뵈요** .

	요

❺ 영어 단어를 **왜우다 외우다** .

	우	다

❻ 무서운 **살쾡이 살큉이**

살		이

❼ 아직 열면 안 **돼 되** .

❽ **괜히 괸히** 슬퍼요.

	히

다섯. 낱말과 어구 받아쓰기

불러 주는 말을 잘 듣고 받아쓰세요.

❶ 뇌

❷

❸

❹

❺

❻

❼

❽

❾

❿

⓫

⓬

⓭

⓮

⓯

⓰

여섯. 문장 받아쓰기

불러 주는 말을 잘 듣고 받아쓰세요.

❶ | 돼 | 지 | 는 | ∨ | 꿀 | 꿀 | ! |

❷ | | | | ∨ | | | ∨ | | | | . |

❸ | | | ∨ | | | ∨ | | | | . |

❹ | | | | | ∨ | | | | | . |

❺ | | | | ∨ | | | ∨ | | | | . |

❻ | | | | ∨ | | | ∨ | | | ! |

❼ | | | ∨ | | ∨ | | | | ∨ | | ? |

❽ | | ∨ | | | ∨ | | | | ∨ | | . |

2주 4일

'궤, ㅟ'를 구별해요

하나. 소리 내어 구별하기

1. ㅞ를 소리 내어 읽어 보세요.

[웨]

[우]를 먼저 소리 낸 다음
빠르게 이어서 아랫입술을 약간
앞으로 내밀며 [에]를 소리 내요.

입술을 내밀며 [우] 하고 소리 내요. **이어서** 아랫입술을 약간 앞으로 내밀면서 [에] 하고 소리 내요.

[우] ➡ [에]

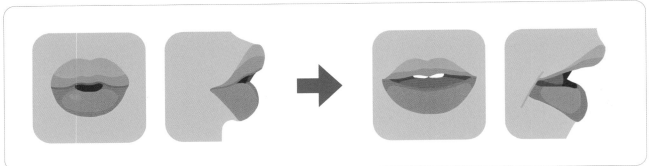

ㅞ를 다시 한번 크게 발음해 보세요.

[우] 하고 입술을 움직이지 않은 채로
[위]를 발음할 수도 있지만, [우]를 먼저 소리 낸 다음
이어서 [이]를 소리 내는 게 [위]를 발음하기 더 쉬워요.

2. ㅟ를 소리 내어 읽어 보세요.

[위]

[우]를 먼저 소리 낸 다음
빠르게 이어서 입을 옆으로
벌리며 [이]를 소리 내요.

입술을 내밀며 [우] 하고 소리 내요. **이어서** 입을 옆으로 벌리면서 [이] 하고 소리 내요.

[우] ➡ [이]

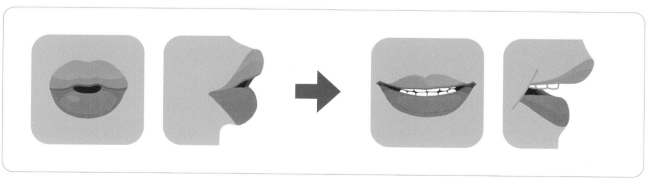

ㅟ를 다시 한번 크게 발음해 보세요.

둘. 낱말로 구별하기

1. ㅞ의 모양을 생각하며 낱말을 소리 내어 읽고 써 보세요.

웨딩   퉤   궤

웨	딩
	딩

2. ㅟ의 모양을 생각하며 낱말을 소리 내어 읽고 써 보세요.

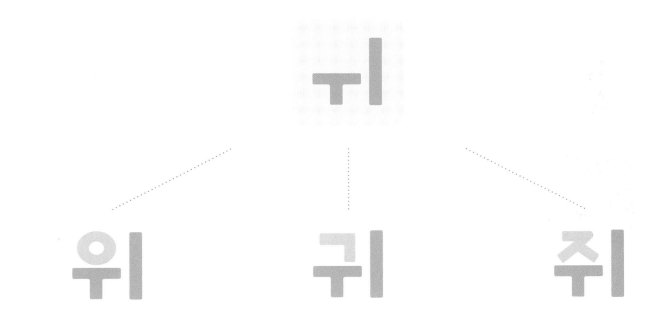

ㅟ

위   귀   쥐

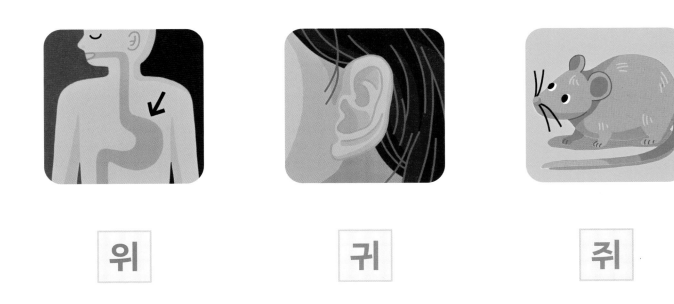

위   귀   쥐

셋. 낱말 읽고 바르게 쓰기

1. ㅞ가 들어가는 낱말을 소리 내어 읽고 글자를 바르게 쓰세요.

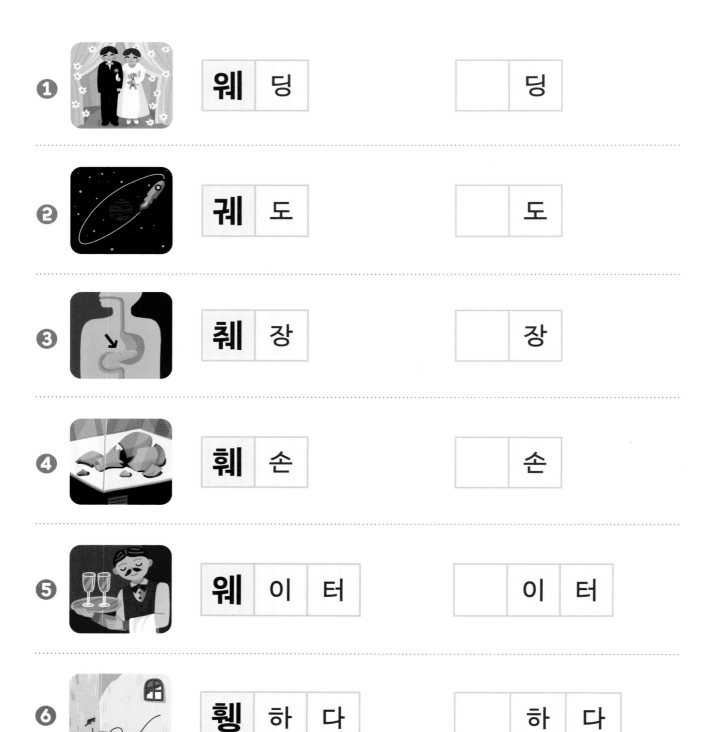

① 웨 딩 | ☐ 딩

② 궤 도 | ☐ 도

③ 췌 장 | ☐ 장

④ 훼 손 | ☐ 손

⑤ 웨 이 터 | ☐ 이 터

⑥ 휭 하 다 | ☐ 하 다

2. ㅟ가 들어가는 낱말을 소리 내어 읽고 글자를 바르게 쓰세요.

❶  **뒤** | |

❷  **튀** 김 | | 김

❸  **휘** 파 람 | | 파 람

❹  가 **위** 가 |

❺  바 **퀴** 바 |

❻  당 나 **귀** 당 나 |

넷. 알맞은 낱말 고르고 바르게 쓰기

1. 알맞은 낱말에 ○ 하고 그 낱말을 소리 내어 읽어 보세요.
   그리고 글자를 바르게 쓰세요.

❶ 기 | (귀) | 귀

❷ 생지 | 생쥐 | 생

❸ 훼손 | 회손 | 손

❹ 쵀장 | 췌장 | 장

❺ 지히자 | 지휘자 | 지 자

❻ 시다 | 쉬다 | 다

2. 알맞은 낱말에 ○ 하고 완성된 어구와 문장을 소리 내어 읽어 보세요.
그리고 글자를 바르게 쓰세요.

❶ (뒤꿈치) 되꿈치 가 아파요.

뒤	꿈	치

❷ 공원이 **횅하다** | **휑하다** .

	하	다

❸ 즐거운 **한가위** | **한가이** 보내세요.

한	가	

❹ **위아래** | **외아래** 번갈아서

	아	래

❺ 이게 **왠** | **웬** 떡이야!

❻ **취미** | **치미** 가 뭐예요?

	미

❼ 우리 모두를 **위해서** | **외해서**

	해	서

❽ **뉘우치는** | **뇌우치는** 마음

	우	치	는

불러 주는 말을 잘 듣고 받아쓰세요.

❶ 뒤

❷

❸

❹

❺

❻

❼

❽

❾

❿

⑪

⑫

⑬

⑭

⑮

⑯

불러 주는 말을 잘 듣고 받아쓰세요.

❶ | 귀 | 한 | ∨ | 보 | 물 | 들 | ∨ | 보 | 러 | ∨ | 갈 | 래 | ? |

❷ | | | ∨ | | | ∨ | | ∨ | | | . |

❸ | | ∨ | | ∨ | | | ! |

❹ | | | ∨ | | ∨ | | | | | . |

❺ | | | | ∨ | | | | ∨ | | . |

❻ | | | | ∨ | | | | ∨ | | . |

❼ | | | | ∨ | | ∨ | | | | ∨ | | ! |

❽ | | | | ∨ | | | | ∨ | | | . |

'⨎, ㅖ, ㅢ'를 구별해요

하나. 소리 내어 구별하기

1. ⨎를 소리 내어 읽어 보세요.

[얘]

[이]를 먼저 소리 낸 다음 **빠르게 이어서** 입술의 양 끝을 뒤로 당기며 [애]를 소리 내요.

[이] 하고 소리 내요. **이어서** 입술의 양 끝을 뒤로 당기면서 [애] 하고 소리 내요.

[이] ➔ [애]

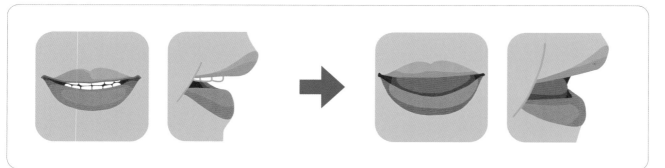

⨎를 다시 한번 크게 발음해 보세요.

2. ㅖ를 소리 내어 읽어 보세요.

[예]

[이]를 먼저 소리 낸 다음
빠르게 이어서 아랫입술을 약간
앞으로 내밀며 [에]를 소리 내요.

[이] 하고 소리 내요. **이어서** 아랫입술을 약간 앞으로 내밀면서 [에] 하고 소리 내요.

[이]　→　[에]

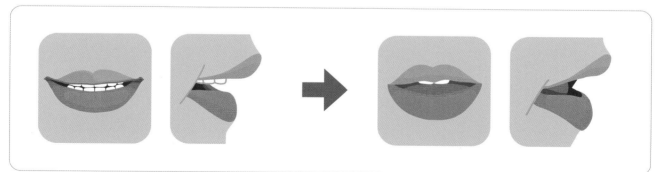

ㅖ를 다시 한번 크게 발음해 보세요.

3. ㅢ를 소리 내어 읽어 보세요.

[의]

[으]를 먼저 소리 낸 다음 **빠르게 이어서** 입을 옆으로 벌리며 [이]를 소리 내요.

[으] 하고 소리 내요. **이어서** 입을 옆으로 벌리면서 [이] 하고 소리 내요.

[으] ➡ [이]

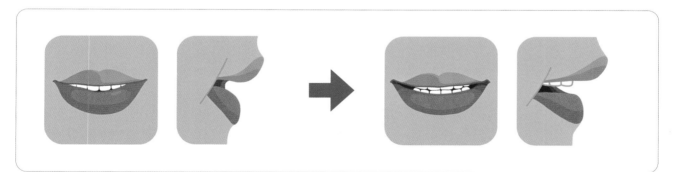

둘. 낱말로 구별하기

1. ㅐ의 모양을 생각하며 낱말을 소리 내어 읽고 써 보세요.

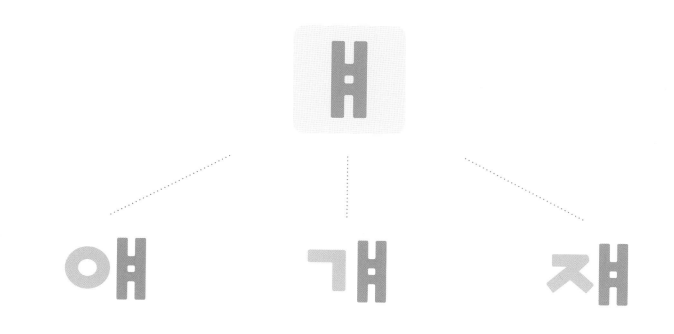

애	개	재

2. ㅖ의 모양을 생각하며 낱말을 소리 내어 읽고 써 보세요.

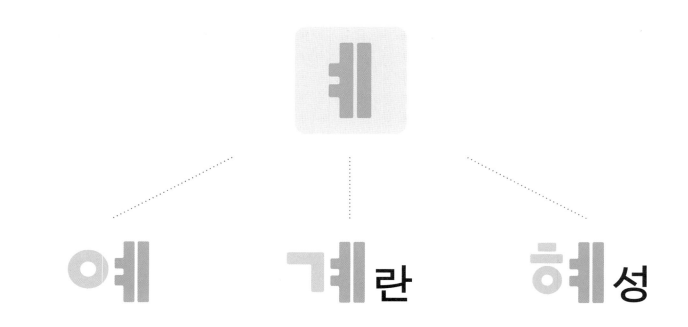

ㅖ

예　　　계란　　　혜성

예		계	란		혜	성
			란			성

3. ㅢ의 모양을 생각하며 낱말을 소리 내어 읽고 써 보세요.

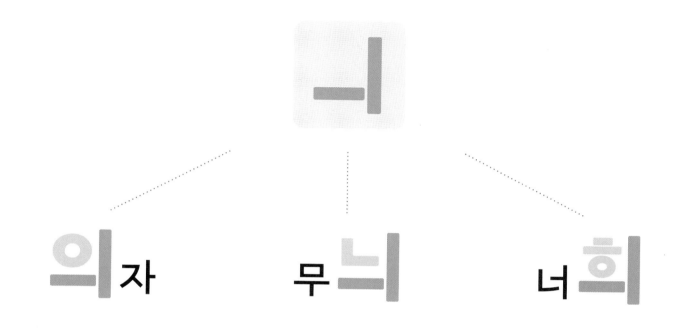

의자   무늬   너희

의	자

무	늬

너	희

	자

무	

너	

셋. 낱말 읽고 바르게 쓰기

1. ㅒ가 들어가는 낱말을 소리 내어 읽고 글자를 바르게 쓰세요.

2. ㅖ가 들어가는 낱말을 소리 내어 읽고 글자를 바르게 쓰세요.

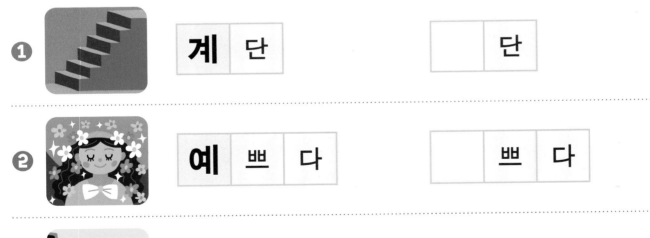

3. ㅢ가 들어가는 낱말을 소리 내어 읽고 글자를 바르게 쓰세요.

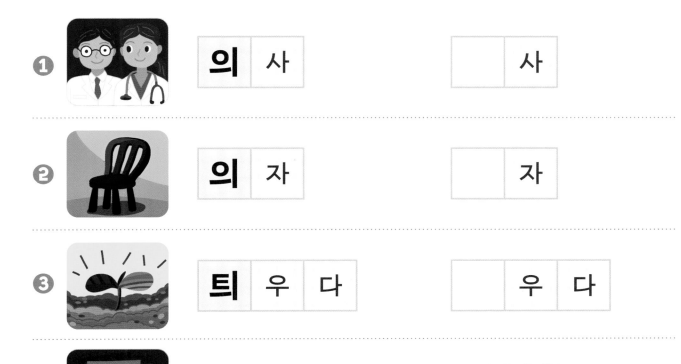

❶ | **의** 사 | | 사

❷ | **의** 자 | | 자

❸ | **틔** 우 다 | | 우 다

❹ | **흰** 색 | | 색

'틔우다', '흰색'은 [티우다], [힌색]으로 소리 나지만
글자의 모양을 알기 위해 여기서 배워요. 이 밖에
'씌우다', '희망' 역시 [씨우다], [히망]이라고 발음해요.

넷. 알맞은 낱말 고르고 바르게 쓰기

1. 알맞은 낱말에 ○ 하고 그 낱말을 소리 내어 읽어 보세요.
   그리고 글자를 바르게 쓰세요.

❶ 개란 | (계란)   계 | 란

❷ 하이 | 하의   하 |

❸ 띠우다 | 띄우다 | 우 | 다

❹ 수이사 | 수의사   수 | | 사

❺ 개절 | 계절 | 절

❻ 얘식 | 예식 | 식

2. 알맞은 낱말에 ○ 하고 완성된 어구와 문장을 소리 내어 읽어 보세요.
그리고 글자를 바르게 쓰세요.

❶ 얘의 (예의) 바르게 인사해요.

예	의

❷ 자세히 좀 **얘기해** | **예기해** 봐.

	기	해

❸ **얘** | **예** ! 이리 좀 와 보거라.

❹ 이 건물 **패쇄해** | **폐쇄해** !

	쇄	해

❺ 강낭콩이 싹을 **티우네** | **틔우네** .

	우	네

❻ 고장 난 **시걔** | **시계**

시	

❼ **차래** | **차례** 를 지켜서 줄 서요.

차	

❽ **걔** | **계** 랑 나랑 친구야!

131

다섯. 낱말과 어구 받아쓰기

불러 주는 말을 잘 듣고 받아쓰세요.

❶ 예 의

❷

❸

❹

❺

❻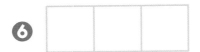

❼

❽

❾

❿

⓫

⓬

⓭

⓮

⓯

⓰

여섯. 문장 받아쓰기

불러 주는 말을 잘 듣고 받아쓰세요.

❶ | 예 | 방 | ∨ | 주 | 사 | 는 | ∨ | 따 | 끔 | 해 | 요 | . |

❷ | | | | | ∨ | | | | . |

❸ | | | ∨ | | | ∨ | | | . |

❹ | | | ∨ | | | ∨ | | | . |

❺ | | | | ∨ | ∨ | | . |

❻ | ∨ | | | ∨ | | | ∨ | | | . |

❼ | | | ∨ | ∨ | ∨ | | . |

❽ | | ∨ | | ∨ | | . |

실전 받아쓰기

● 낱말과 어구

1 ☐☐☐

2 ☐☐

3 ☐☐☐

4 ☐☐☐☐☐

5 ☐☐

6 ☐☐☐

7 ☐☐

8 ☐☐

9 ☐☐☐ V ☐☐

10 ☐☐☐ V ☐☐

11 ☐☐ V ☐☐

12 ☐☐ V ☐☐

13 ☐☐ V ☐☐

14 ☐☐☐☐

15 ☐☐ V ☐☐

16 ☐☐ V ☐☐

● 문장

① ⬜⬜∨⬜∨⬜⬜⬜.

② ⬜⬜⬜⬜∨⬜⬜⬜.

③ ⬜⬜⬜∨⬜⬜∨⬜⬜.

④ ⬜⬜⬜∨⬜∨⬜⬜∨⬜⬜⬜.

⑤ ⬜⬜⬜⬜∨⬜⬜∨⬜⬜.

⑥ ⬜⬜⬜∨⬜∨⬜⬜⬜.

⑦ ⬜⬜⬜⬜∨⬜⬜⬜∨⬜⬜⬜.

⑧ ⬜⬜⬜⬜∨⬜⬜⬜⬜∨⬜.

정답

둘. 낱말로 구별하기

30쪽

궁

쿵

커요

꺼요

고치

꼬치

셋. 낱말 읽고 바르게 쓰기

조금 더 공부해요

ㅋ 키우다, 하키

ㄲ 깡충깡충, 낑낑

넷. 알맞은 낱말 고르고 바르게 쓰기

34쪽

❶ 끈 | 큰 ❷ 가치 | 까치 ❸ 구기 | 쿠키

❹ 고치 | 꼬치 ❺ 코끼리 | 코키리 ❻ 그덕그덕 | 끄덕끄덕

조금 더 공부해요 캄캄하다, 꼼꼼하다

35쪽

❶ 나는 요리사가 굼 | 꿈 이야.

❷ 동물원에서 만난 기린 | 키린

❸ 수박이 금직금직 | 큼직큼직

❹ 검검해서 | 껌껌해서 안 보여요.

❺ 자두가 달콤하다 | 달꼼하다 .

❻ 기차 | 끼차 타고 놀러 가요!

❼ 고리 | 꼬리 가 긴 동물

❽ 크트머리 | 끄트머리 까지 칠하기

다섯. 낱말과 어구 받아쓰기

36쪽

❶ 칼	❾ 까 만 ∨ 콩
❷ 갈 다	❿ 커 다 란 ∨ 거 미
❸ 크 기	⓫ 고 양 이 ∨ 꼬 리
❹ 빈 칸	⓬ 꼬 치 구 이
❺ 살 코 기	⓭ 고 소 한 ∨ 쿠 키
❻ 꼬 끼 오	⓮ 초 코 크 림
❼ 낑 낑 거 리 다	⓯ 교 통 ∨ 카 드
❽ 그 만 큼	⓰ 큰 ∨ 고 깔 모 자

여섯. 문장 받아쓰기

37쪽

❶ 꾹 꾹 ∨ 눌 러 요 .

❷ 콩 이 ∨ 굴 러 가 요 .

❸ 꿀 꺽 ∨ 삼 키 다 .

❹ 키 가 ∨ 정 말 ∨ 크 구 나 .

❺ 친 구 끼 리 ∨ 그 러 지 ∨ 마 .

❻ 건 전 지 를 ∨ 끼 우 다 .

❼ 코 끼 리 는 ∨ 코 가 ∨ 길 다 .

❽ 그 건 ∨ 꼭 ∨ 지 키 자 .

'ㄷ, ㅌ, ㄸ'을 구별해요

둘. 낱말로 구별하기

40쪽

돈

톤

따요

타요

땅

탕

셋. 낱말 읽고 바르게 쓰기

조금 더 공부해요

ㅌ 트림, 울타리

ㄸ 사또, 몽땅

넷. 알맞은 낱말 고르고 바르게 쓰기

44쪽

❶ 당 (땅) ❷ (털) 떨 ❸ 드다 (뜨다)

❹ (타다) 따다 ❺ 당콩 (땅콩) ❻ (연탄) 연딴

조금 더 공부해요   시루떡, 따끔따끔

45쪽

❶ (두꺼비) 뚜꺼비 가 우는 밤

❷ (터미널) 떠미널 가는 버스

❸ 빨간 달기 (딸기) 를 따자!

❹ (더운) 떠운 여름 날씨에

❺ 다지면서 (따지면서) 싸우지 마.

❻ (당당한) 탕탕한 목소리로 말해요.

❼ 도도리 (도토리) 를 따자!

❽ 추운 겨울 덜덜 털다 (떨다).

다섯. 낱말과 어구 받아쓰기

46쪽

❶ 도 끼

❷ 탕 수 육

❸ 따 가 운

❹ 수 타 ∨ 면

❺ 뜨 다

❻ 도 토 리 묵

❼ 타 고 나 다

❽ 다 음 부 터

❾ 식 탁 ∨ 다 리

❿ 달 리 는 ∨ 트 럭

⓫ 틀 린 ∨ 답

⓬ 고 운 ∨ 말 투

⓭ 빨 간 ∨ 토 마 토

⓮ 뜨 거 운 ∨ 물 통

⓯ 통 통 한 ∨ 토 끼

⓰ 또 ∨ 다 른 ∨ 떡

여섯. 문장 받아쓰기

47쪽

❶ 동 이 ∨ 트 다 .

❷ 덜 덜 ∨ 떨 리 다 .

❸ 모 퉁 이 를 ∨ 돌 다 .

❹ 똑 똑 ∨ 두 드 리 다 .

❺ 종 이 가 ∨ 다 ∨ 타 다 .

❻ 두 루 미 가 ∨ 땅 을 ∨ 파 요 .

❼ 등 을 ∨ 토 닥 토 닥 ∨ 두 드 려 요 .

❽ 뚱 뚱 한 ∨ 타 조 가 ∨ 달 려 가 요 .

'브, 프, 쁘'을 구별해요

둘. 낱말로 구별하기

50쪽

뿌리 •

부리 •

발 •

팔 •

이발 •

이빨 •

셋. 낱말 읽고 바르게 쓰기

조금 더 공부해요

ㅍ 포동포동, 살피다

ㅃ 뽀뽀, 빨강

넷. 알맞은 낱말 고르고 바르게 쓰기

54쪽

❶ (판자) 빤자   ❷ (벽) 뼉   ❸ (별) 펼
❹ 사슴불 | (사슴뿔)   ❺ (밤하늘) 팜하늘   ❻ (필통) 삘통

조금 더 공부해요   빨다, 파랑

55쪽

❶ (편) 뻔 가르지 말고 놀자.

❷ 두 뱀 (뼘)이나 키가 차이 난다!

❸ 조용히 책을 (펼쳐요) 뻘쳐요 .

❹ 실수할 번한 (뻔한) 기억

❺ 물을 붐는 (뿜는) 분수

❻ 폭붕 (폭풍)이 치는 소리

❼ (병아리) 삥아리 가 삐약삐약

❽ 병병한 (평평한) 땅 모양

다섯. 낱말과 어구 받아쓰기

56쪽

❶ 반 지
❷ 빠 지 다
❸ 슬 프 다
❹ 기 뻐 요
❺ 빨 판
❻ 풀 뿌 리
❼ 삐 지 다
❽ 펄 럭 펄 럭

❾ 보 리 굴 비
❿ 편 지 ∨ 봉 투
⓫ 평 평 한 ∨ 바 닥
⓬ 슬 픈 ∨ 표 정
⓭ 청 포 도 빙 수
⓮ 비 닐 봉 지
⓯ 피 곤 한 ∨ 얼 굴
⓰ 빨 간 ∨ 포 장 지

여섯. 문장 받아쓰기

57쪽

❶ 비 를 ∨ 피 하 다 .
❷ 뼈 가 ∨ 부 러 지 다 .
❸ 푸 른 ∨ 바 다 로 ∨ 가 요 .
❹ 고 삐 ∨ 풀 린 ∨ 망 아 지 다 !
❺ 오 빠 가 ∨ 피 자 를 ∨ 만 든 다 .
❻ 땅 을 ∨ 파 고 ∨ 씨 를 ∨ 뿌 려 요 .
❼ 빨 리 ∨ 불 ∨ 피 우 러 ∨ 가 .
❽ 아 빠 가 ∨ 너 무 ∨ 바 쁘 셔 .

'ㅈ, ㅊ, ㅉ'을 구별해요

둘. 낱말로 구별하기

60쪽

징

찡

찌다

치다

자다

짜다

셋. 낱말 읽고 바르게 쓰기

조금 더 공부해요

ㅊ 추석, 친구

ㅉ 장아찌, 아찔하다

넷. 알맞은 낱말 고르고 바르게 쓰기

64쪽

❶ 장문 (창문) ❷ (장구) 창구 ❸ 졸면 (쫄면)

❹ (점) 쩜 ❺ 정소기 (청소기) ❻ (질문) 칠문

조금 더 공부해요 쪽파, 양초

65쪽

❶ 부모님을 도와 식사를 (차려요) 짜려요 .

❷ 칭찬의 박수를 작작 (짝짝)

❸ 딱따구리가 나무를 조아요 (쪼아요) .

❹ 작꿍 (짝꿍) 이 누구야?

❺ 요리하고 남은 지꺼기 (찌꺼기)

❻ 침통 (찜통) 같은 더위

❼ (차가운) 짜가운 바람이 스쳐요.

❽ 진자 (진짜) 사랑하는 친구들

다섯. 낱말과 어구 받아쓰기

66쪽

❶ 짜 증 ❾ 자 전 거 ∨ 도 로

❷ 치 우 다 ❿ 도 라 지 무 침

❸ 주 차 장 ⓫ 진 주 ∨ 팔 찌

❹ 기 차 역 ⓬ 찡 그 린 ∨ 표 정

❺ 찐 득 찐 득 ⓭ 마 을 ∨ 잔 치

❻ 쫑 알 쫑 알 ⓮ 지 친 ∨ 얼 굴 로

❼ 중 얼 중 얼 ⓯ 갈 치 조 림

❽ 찌 들 다 ⓰ 찐 ∨ 감 자

여섯. 문장 받아쓰기

67쪽

❶ 종 이 를 ∨ 잘 라 요 .

❷ 참 ∨ 잘 ∨ 치 는 구 나 .

❸ 우 리 는 ∨ 단 짝 ∨ 친 구 야 .

❹ 찜 통 으 로 ∨ 만 두 를 ∨ 쪄 요 .

❺ 저 ∨ 문 도 ∨ 잠 그 고 ∨ 자 요 .

❻ 진 짜 ∨ 치 사 한 ∨ 이 야 기 야 .

❼ 자 동 차 ∨ 타 고 ∨ 지 나 가 요 .

❽ 쩌 렁 쩌 렁 ∨ 소 리 가 ∨ 울 린 다 .

141

'ㅅ, ㅆ'을 구별해요

둘. 낱말로 구별하기

70쪽

상

쌍

싹

삭

사다

싸다

셋. 낱말 읽고 바르게 쓰기

조금 더 공부해요   ㅅ 수술, 사슴

ㅆ 싹, 썰렁하다

넷. 알맞은 낱말 고르고 바르게 쓰기

74쪽

❶ 소다 | (쏘다)   ❷ (소나무) | 쏘나무   ❸ 숙 | (쑥)

❹ (손) | 쏜   ❺ 글시 | (글씨)   ❻ 시름 | (씨름)

조금 더 공부해요   싸라기눈, 쌀통

75쪽

❶ 여기저기가 수시다 | (쑤시다) .

❷ 순 | (쓴) 약초를 발견하다.

❸ 벌에 (쏘이다) | 소이다 .

❹ 몸이 한쪽으로 솔리다 | (쏠리다) .

❺ (시름시름) | 씨름씨름 아파요.

❻ 슬슬한 | (쓸쓸한) 기분이 든다.

❼ 날씨가 좀 살살하네 | (쌀쌀하네) .

❽ 톱으로 나무를 (쓱싹쓱싹) | 슥삭슥삭

다섯. 낱말과 어구 받아쓰기

76쪽

❶ 쏘 다
❷ 썰 물
❸ 쑤 시 다
❹ 쓰 라 리 다
❺ 보 리 쌀
❻ 소 곤 소 곤
❼ 서 로 서 로
❽ 찹 쌀 떡

❾ 글 씨 ∨ 쓰 기
❿ 까 만 ∨ 수 박 씨
⓫ 쌍 둥 이 ∨ 언 니
⓬ 수 상 한 ∨ 사 람
⓭ 싱 싱 한 ∨ 상 추
⓮ 고 소 한 ∨ 쑥 떡
⓯ 씨 름 ∨ 선 수
⓰ 쌈 무 랑 ∨ 쌈 장

여섯. 문장 받아쓰기

77쪽

❶ 키 가 ∨ 쑥 쑥 ∨ 자 라 요 .
❷ 숭 늉 을 ∨ 마 셔 요 .
❸ 쓸 쓸 한 ∨ 얼 굴 로 ∨ 살 펴 보 다 .
❹ 연 필 로 ∨ 시 를 ∨ 써 요 .
❺ 마 당 을 ∨ 비 로 ∨ 쓸 다 .
❻ 사 이 사 이 로 ∨ 스 며 들 다 .
❼ 무 ∨ 썰 다 가 ∨ 손 ∨ 다 칠 라 .
❽ 이 쪽 저 쪽 ∨ 서 로 ∨ 살 펴 보 다 .

142

78~79쪽

● **낱말과 어구**

① 싸 리 나 무
② 쌀
③ 딱 따 구 리
④ 쪼 다
⑤ 뽀 족 뽀 족
⑥ 찌 르 다
⑦ 도 토 리 묵
⑧ 눈 싸 움
⑨ 따 가 운 ∨ 시 선
⑩ 까 만 ∨ 까 치
⑪ 꼬 마 ∨ 자 동 차
⑫ 합 창 ∨ 시 간
⑬ 기 차 ∨ 소 리
⑭ 씽 씽 ∨ 달 려 서
⑮ 뜨 거 운 ∨ 찐 빵
⑯ 푸 른 ∨ 들 판

● **문장**

① 까 불 다 가 ∨ 다 쳐 요 .
② 처 음 부 터 ∨ 다 시 ∨ 하 자 !
③ 짝 꿍 은 ∨ 피 아 노 를 ∨ 잘 ∨ 쳐 .
④ 쌍 둥 이 처 럼 ∨ 따 라 ∨ 하 다 .
⑤ 소 금 ∨ 조 금 만 ∨ 준 비 하 자 .
⑥ 짜 지 만 ∨ 구 수 하 다 .
⑦ 고 양 이 는 ∨ 꼬 리 가 ∨ 길 다 .
⑧ 꼭 ∨ 다 시 ∨ 만 나 기 로 ∨ 하 자 .

셋. 낱말 읽고 바르게 쓰기

| 조금 더 공부해요 | ㅐ | 매, 해적 |
| | ㅔ | 세모, 레몬 |

넷. 알맞은 낱말 고르고 바르게 쓰기

88쪽

① (매미) 메미
② 새수 (세수)
③ (대나무) 데나무
④ 매뚜기 (메뚜기)
⑤ (모래) 모레
⑥ 새배 (세배)

| 조금 더 공부해요 | 배, 대추 |

89쪽

① 책은 내모 (네모) 모양이야.
② (매우) 메우 신이 나요!
③ 더 자새히 (자세히) 설명해요.
④ 김치가 너무 (매워요) 메워요 .
⑤ 내 친구는 (개구쟁이) 게구쟁이
⑥ 빠르개 (빠르게) 달려라!
⑦ 가개 (가게) 에서 물건을 사요.
⑧ 땅에 애벌래 (애벌레) 가 기어가요.

143

다섯. 낱말과 어구 받아쓰기

90쪽

❶ 세 모	❾ 간 장 게 장
❷ 배 우	❿ 둥 근 ∨ 병 따 개
❸ 캐 다	⓫ 레 몬 사 탕
❹ 채 우 다	⓬ 무 지 개 다 리
❺ 해 파 리	⓭ 내 일 모 레
❻ 배 추 벌 레	⓮ 햄 버 거 ∨ 가 게
❼ 데 우 다	⓯ 노 래 ∨ 배 우 기
❽ 도 르 래	⓰ 매 달 린 ∨ 메 주

여섯. 문장 받아쓰기

91쪽

❶ 고 개 를 ∨ 내 밀 다 .

❷ 제 주 도 ∨ 여 행 ∨ 가 요 .

❸ 오 래 오 래 ∨ 사 세 요 .

❹ 여 보 세 요 ? 누 구 세 요 ?

❺ 차 에 서 ∨ 안 전 하 게 ∨ 내 리 다 .

❻ 더 ∨ 자 세 히 ∨ 말 해 ∨ 주 세 요 .

❼ 가 방 ∨ 메 고 ∨ 끈 ∨ 매 요 .

❽ 매 일 ∨ 베 개 를 ∨ 베 고 ∨ 자 요 .

2주 2일
'놔, ㅝ'를 구별해요

셋. 낱말 읽고 바르게 쓰기

> 조금 더 공부해요
> 놔 과자, 도와주다
> ㅝ 훤하다, 추워요

넷. 알맞은 낱말 고르고 바르게 쓰기

98쪽

❶ (왕)/ 웡   ❷ (화분)/ 훠분   ❸ 더와 /(더워)

❹ (좌우)/ 줘우   ❺ 쏴요 /(쒀요)   ❻ (완두콩)/ 원두콩

> 조금 더 공부해요   화장, 원두막

99쪽

❶ 이쪽으로 (와요)/ 워요 .

❷ 여기에 (내려놔요)/ 내려눠요 .

❸ 노란 지갑을 주와요 /(주워요).

❹ (좌석)/ 줘석 버스를 타요.

❺ 이제라도 (봐서)/ 붜서 다행이야.

❻ 공부를 미롸요 /(미뤄요).

❼ 사탕을 부솨요 /(부숴요).

❽ 신나게 춤을 촤요 /(춰요).

다섯. 낱말과 어구 받아쓰기

100쪽

❶ 과 녁	❾ 우 르 르 ∨ 쾅 쾅
❷ 화 로	❿ 권 투 ∨ 연 습
❸ 정 원	⓫ 원 반 던 지 기
❹ 월 급	⓬ 과 거 와 ∨ 현 재
❺ 원 망 하 다	⓭ 누 워 서 ∨ 놀 기
❻ 과 수 원	⓮ 화 재 경 보 기
❼ 화 산	⓯ 원 두 커 피
❽ 원 숭 이	⓰ 화 려 한 ∨ 도 시

여섯. 문장 받아쓰기

101쪽

❶ 좌 우 로 ∨ 춤 춰 요 .

❷ 고 기 를 ∨ 구 워 요 .

❸ 콸 콸 ∨ 나 오 길 ∨ 원 해 요 .

❹ 거 기 에 ∨ 잠 깐 ∨ 둬 요 .

❺ 지 우 개 를 ∨ 주 워 ∨ 줘 요 .

❻ 화 장 실 ∨ 다 녀 와 요 .

❼ 모 두 와 ∨ 과 자 를 ∨ 나 눠 요 .

❽ 시 원 한 ∨ 물 로 ∨ 헹 궈 요 .

2주 3일

'괘, ㅚ'를 구별해요

셋. 낱말 읽고 바르게 쓰기

조금 더 공부해요

ㅙ 괭이, 불쾌하다

ㅚ 괴물, 교회

넷. 알맞은 낱말 고르고 바르게 쓰기

108쪽

❶ 쵀고 (최고)　❷ 왠손 (왼손)　❸ 좨인 (죄인)

❹ 홰전문 (회전문)　❺ 왜국 (외국)　❻ (유쾌하다) 유쾨하다

조금 더 공부해요　인쇄기, 회사

109쪽

❶ 너 (왜) 외 그래?

❷ 좨 (죄) 를 지으면 안 돼.

❸ 그 사람은 (구두쇄) 구두쇠 야.

❹ 다음에 또 (봬요) 뵈요 .

❺ 영어 단어를 왜우다 (외우다) .

❻ 무서운 (살쾡이) 살퀭이

❼ 아직 열면 안 (돼) 되 .

❽ (괜히) 괸히 슬퍼요.

다섯. 낱말과 어구 받아쓰기

110쪽

❶ 뇌

❷ 회 색

❸ 외 우 기

❹ 생 선 회

❺ 퇴 장

❻ 대 회

❼ 통 쾌 하 다

❽ 꽹 과 리

❾ 퇴 근 ∨ 시 간

❿ 왜 냐 하 면

⓫ 죄 송 한 ∨ 마 음

⓬ 무 거 운 ∨ 쇠

⓭ 괘 씸 한 ∨ 사 람

⓮ 된 장 찌 개

⓯ 중 요 한 ∨ 회 의

⓰ 쾨 쾨 한 ∨ 냄 새

여섯. 문장 받아쓰기

111쪽

❶ 돼 지 는 ∨ 꿀 꿀 !

❷ 노 래 를 ∨ 외 워 서 ∨ 불 러 요 .

❸ 왠 지 ∨ 모 르 게 ∨ 상 쾌 하 다 .

❹ 외 로 워 하 면 ∨ 도 와 줘 요 .

❺ 종 이 에 ∨ 인 쇄 해 ∨ 주 세 요 .

❻ 만 나 게 ∨ 돼 서 ∨ 반 가 워 !

❼ 제 가 ∨ 왜 ∨ 그 래 야 ∨ 돼 요 ?

❽ 설 ∨ 쇠 고 ∨ 할 머 니 를 ∨ 봬 요 .

'ㅞ, ㅟ'를 구별해요

셋. 낱말 읽고 바르게 쓰기

조금 더 공부해요

ㅞ 궤, 우렁쉥이

ㅟ 퀴즈, 휘다

넷. 알맞은 낱말 고르고 바르게 쓰기

118쪽

❶ 기 (귀) ❷ 생지 (생쥐) ❸ (훼손) 회손
❹ �장 (췌장) ❺ 지히자 (지휘자) ❻ 시다 (쉬다)

조금 더 공부해요   웹툰, 웨이터

119쪽

❶ (뒤꿈치) 되꿈치 가 아파요.
❷ 공원이 황하다 (휑하다).
❸ 즐거운 (한가위) 한가이 보내세요.
❹ (위아래) 외아래 번갈아서
❺ 이게 왠 (웬) 떡이야!
❻ (취미) 치미 가 뭐예요?
❼ 우리 모두를 (위해서) 외해서
❽ (뉘우치는) 뇌우치는 마음

다섯. 낱말과 어구 받아쓰기

120쪽

❶ 뒤
❷ 위 로
❸ 튀 김
❹ 휘 날 리 다
❺ 당 나 귀
❻ 취 소 하 다
❼ 훼 방 꾼
❽ 뒤 바 뀌 다
❾ 웨 딩 드 레 스
❿ 지 구 의 ∨ 궤 도
⓫ 취 미 ∨ 자 랑
⓬ 커 다 란 ∨ 바 위
⓭ 쉬 운 ∨ 문 제
⓮ 날 �쌘 ∨ 다 람 쥐
⓯ 규 칙 ∨ 위 반
⓰ 취 침 ∨ 시 간

여섯. 문장 받아쓰기

121쪽

❶ 귀 한 ∨ 보 물 들 ∨ 보 러 ∨ 갈 래 ?
❷ 위 에 서 ∨ 보 면 ∨ 잘 ∨ 보 여 .
❸ 이 게 ∨ 웬 ∨ 거 야 !
❹ 가 위 ∨ 좀 ∨ 빌 려 줘 요 .
❺ 친 구 를 ∨ 위 로 해 ∨ 주 자 .
❻ 나 무 를 ∨ 훼 손 하 지 ∨ 말 자 .
❼ 운 동 장 ∨ 세 ∨ 바 퀴 를 ∨ 뛰 자 !
❽ 휘 파 람 ∨ 불 기 는 ∨ 쉬 워 요 .

'ㅒ, ㅖ, ㅢ'를 구별해요

넷. 알맞은 낱말 고르고 바르게 쓰기

130쪽

❶ 걔란 (계란) ❷ 하이 (하의) ❸ 띠우다 (띄우다)
❹ 수이사 (수의사) ❺ 걔절 (계절) ❻ 얘식 (예식)

조금 더 공부해요   계곡, 계산기

131쪽

❶ 얘의 (예의) 바르게 인사해요.

❷ 자세히 좀 (얘기해) 예기해 봐.

❸ (얘) 예 ! 이리 좀 와 보거라.

❹ 이 건물 패쇄해 (폐쇄해) !

❺ 강낭콩이 싹을 티우네 (틔우네) .

❻ 고장 난 시걔 (시계)

❼ 차래 (차례) 를 지켜서 줄 서요.

❽ (걔) 계 랑 나랑 친구야!

다섯. 낱말과 어구 받아쓰기

132쪽

❶ 예 의		❾ 희 미 한 V 색	
❷ 계 속		❿ 계 주 V 선 수	
❸ 의 외 로		⓫ 무 서 운 V 얘 기	
❹ 서 예		⓬ 예 쁜 V 동 생	
❺ 수 차 례		⓭ 계 피 사 탕	
❻ 예 술 가		⓮ 예 약 V 시 간	
❼ 하 늬 바 람		⓯ 밤 하 늘 V 혜 성	
❽ 사 계 절		⓰ 여 행 V 계 획	

여섯. 문장 받아쓰기

133쪽

❶ 예 방 V 주 사 는 V 따 끔 해 요 .

❷ 띄 어 쓰 기 를 V 해 야 지 .

❸ 우 리 도 V 희 망 을 V 가 지 자 .

❹ 지 혜 로 운 V 너 에 게 V 고 마 워 .

❺ 계 산 기 를 V 써 V 볼 래 .

❻ 이 V 무 늬 가 V 제 일 V 예 쁘 다 .

❼ 은 혜 가 V 왜 V 안 V 오 냐 .

❽ 이 제 V 너 희 V 차 례 야 .

134~135쪽

● 낱말과 어구

❶ 재 채 기		❾ 세 모 와 V 네 모	
❷ 계 속		❿ 베 짱 이 V 노 래	
❸ 쇠 사 슬		⓫ 예 방 V 주 사	
❹ 외 나 무 다 리		⓬ 회 의 V 시 간	
❺ 의 리		⓭ 원 시 V 시 대	
❻ 사 계 절		⓮ 회 오 리 바 람	
❼ 희 망		⓯ 매 의 V 날 개	
❽ 완 벽		⓰ 왼 쪽 V 방 향	

● 문장

❶ 이 제 V 손 V 놔 요 .

❷ 원 숭 이 가 V 춤 춰 요 .

❸ 열 매 를 V 구 해 V 와 요 .

❹ 메 밀 묵 V 좀 V 드 셔 V 보 세 요 .

❺ 기 러 기 가 V 훨 훨 V 난 다 .

❻ 햄 버 거 V 사 V 주 세 요 .

❼ 어 른 들 께 V 세 배 를 V 드 려 요 .

❽ 제 빵 사 가 V 과 자 를 V 만 든 다 .

아하 한글 받아쓰기 ❶ 복잡한 글자가 들어간 말

초판 1쇄 발행
2021년 9월 3일

지은이 최영환 이병은 김나래
그림   황나경
펴낸이 강일우
편집   황수정
디자인 햇빛스튜디오

펴낸곳 (주)창비교육
등록   2014년 6월 20일
        제2014-000183호
제조국 대한민국
주소   04004 서울특별시
        마포구 월드컵로12길 7
전화   1833-7247
팩스   영업 070-4838-4938
        편집 02-6949-0953

🌐 www.changbiedu.com
✉ textbook@changbi.com
© 최영환 이병은 김나래 2021
ISBN 979-11-6570-087-4
64710
ISBN 979-11-6570-086-7
(세트)